AF345946

La vida sin tanto drama

El arte de vivir con calma en un mundo que grita

David A. Brito Izundegui

EDIQUID

LA VIDA SIN TANTO DRAMA
El arte de vivir con calma en un mundo que grita
© David A. Brito Izundegui

Editado por: Corporación Ígneo, S.A.C.
para su sello editorial Ediquid
José Olaya 169, Ofic. 504, Miraflores. Lima, Perú
Primera edición, junio, 2025

ISBN: 978-956-6404-64-4

Número de Registro de Autor: 03-2025-030311533800-01

www.grupoigneo.com
Correo electrónico: contacto@grupoigneo.com | Teléfono: +51 955 071 270
Facebook: Grupo Ígneo | X: @editorialigneo | Instagram: @grupoigneo

Colección: Integrales

Contenido

Introducción

La vida es realmente simple, pero insistimos
en hacerla complicada.
Confucio

Cierra los ojos por un momento e imagina esto: despiertas una mañana y, en lugar de sentirte atrapado en la rutina, te levantas con una sensación de ligereza, como si te hubieras quitado de encima una carga invisible. Las preocupaciones siguen ahí, los problemas del mundo no han desaparecido, pero algo dentro de ti ha cambiado. Dejas de tomarte la vida tan en serio.

Piénsalo. ¿Cuánto tiempo de tu vida has desperdiciado preocupándote por cosas que no puedes controlar? ¿Cuántas veces te has ahogado en un vaso de agua por problemas que, con el paso del tiempo, dejaron de importar? Nos han enseñado a vivir en un estado constante de tensión, a dramatizar lo cotidiano, a obsesionarnos con el qué dirán, con lo que falta, con lo que pudo haber sido.

La pregunta es: ¿realmente vale la pena?

Este libro no pretende ser un manual de autoayuda con fórmulas mágicas para la felicidad; tampoco es un sermón sobre cómo deberías vivir. Es, más bien, una conversación sincera sobre la vida misma, con sus luces y sombras, con su belleza y sus absurdos. Aquí encontrarás pensamientos, historias, fábulas y reflexiones que te invitan a ver las cosas desde otra perspectiva, a soltar el peso innecesario y a vivir con más calma y sabiduría.

Vivimos atrapados en un ritmo frenético, donde parece que no hay tiempo para detenerse a respirar y preguntarnos: ¿esto que estoy haciendo realmente me hace feliz? Estamos tan ocupados tratando de cumplir expectativas, alcanzar metas y corregir el pasado, que nos olvidamos de lo más importante: disfrutar el presente con plenitud.

Un viaje hacia la tranquilidad mental

A lo largo de estas páginas, exploraremos diversas filosofías, desde el estoicismo hasta la sabiduría oriental, pasando por enseñanzas espirituales y relatos que han sobrevivido al paso del tiempo. No porque la vida necesite ser diseccionada en teorías, sino porque la historia nos ha demostrado que hay formas más inteligentes de vivir.

Las sociedades modernas nos han llenado de ruido: noticias catastróficas, redes sociales saturadas de información, presiones económicas y emocionales, la constante comparación con otros. Esto nos ha convertido en esclavos del drama, en seres que reaccionan impulsivamente, que se frustran por lo más mínimo, que olvidan lo efímero que es todo esto.

Pero existe otra manera de vivir. Una donde el caos externo no dicte tu paz interior. Donde no dependas de las circunstancias para sentirte bien. Donde aprendas a fluir en lugar de resistirte.

Si algo quiero que te lleves de este libro es esto: no podemos controlar lo que sucede a nuestro alrededor, pero sí podemos decidir cómo lo interpretamos y cómo lo enfrentamos.

Un pacto contigo mismo

Antes de seguir adelante, quiero proponerte un reto: que leas este libro con la mente abierta. Que cuestiones lo que creías inamovible, que sueltes lo que ya no te sirve, que te atrevas a cambiar las ideas que te limitan. Y, sobre todo, que pongas en práctica lo que resuene contigo.

Porque leer sin aplicar es como querer cruzar un río mirando un mapa, pero sin moverse del lugar.

Este no es un libro que debas devorar en una tarde y luego olvidar. Es un espacio de reflexión, un pequeño refugio de sabiduría en medio del caos. Tómate tu tiempo, deja que las palabras hagan eco en tu interior y, cuando termines, ojalá puedas decir: «Ahora veo la vida con otros ojos».

La pregunta es: ¿estás listo para soltar el drama y empezar a vivir de verdad?

Si la respuesta es sí, entonces bienvenido a este viaje.

Capítulo 1:
Comprender el mundo y las personas

La realidad según el cristal con que se mire

Existe un viejo refrán que dice: «Cada quien cuenta la feria según le va en ella». Esto significa que nuestra percepción del mundo está condicionada por nuestras experiencias, creencias y emociones. No vemos la realidad como es, sino como somos.

Desde la filosofía estoica hasta el budismo, grandes pensadores han enfatizado la importancia de entrenar nuestra mente para percibir la realidad de una manera más objetiva y menos emocional. Epícteto decía:

> *Los hombres no se perturban por las cosas, sino por la interpretación que hacen de ellas.*

Este principio nos enseña que, si queremos comprender mejor el mundo y a las personas, debemos ser conscientes de nuestros propios filtros mentales y aprender a ver las cosas con mayor ecuanimidad.

Relatos filosóficos y enseñanzas

1. La fábula de los seis sabios ciegos y el elefante

Seis sabios ciegos querían saber qué era un elefante. Cada uno tocó una parte del animal y sacó su propia conclusión:

Uno tocó la trompa y dijo:

—El elefante es como una serpiente.

Otro tocó una pata y aseguró:

—Es como un tronco de árbol.

Otro más acarició la oreja y afirmó:

—Se parece a un abanico.

Otro tocó el lomo y concluyó:

—Es como una gran roca.

Otro sintió la cola y pensó:

—Es como una cuerda.

Y el último tocó un colmillo y dijo:

—Es como una lanza.

Cada uno creía tener la verdad absoluta, pero solo conocían una parte de la realidad.

Enseñanza: Muchas veces creemos que nuestra perspectiva es la única correcta, cuando en verdad solo vemos una fracción del todo. Comprender que hay múltiples puntos de vista nos ayuda a ser más empáticos y menos dogmáticos.

2. El campesino y el caballo perdido

Un día, un campesino perdió su único caballo.

Sus vecinos le dijeron:

—¡Qué desgracia!

El hombre respondió con calma:

—¿Quién sabe si es bueno o malo?

Días después, el caballo regresó con varios caballos salvajes. Los vecinos dijeron:

—¡Qué suerte la tuya!

El campesino nuevamente respondió:

—¿Quién sabe si es bueno o malo?

Su hijo intentó domar a uno de los caballos y cayó, rompiéndose la pierna. Los vecinos exclamaron:

—¡Qué mala suerte!

El campesino, sin alterarse, dijo:

—¿Quién sabe si es bueno o malo?

Poco después, el ejército llegó al pueblo para reclutar jóvenes, pero el hijo del campesino no pudo ir por su pierna rota. Los vecinos comentaron:

—¡Qué afortunado eres!

El campesino, sereno, volvió a decir:

—¿Quién sabe si es bueno o malo?

Enseñanza: A menudo etiquetamos los eventos como «buenos» o «malos» sin conocer las consecuencias a largo plazo. Aceptar la incertidumbre con serenidad nos permite enfrentar la vida con menos ansiedad.

3. La historia del monje y el escorpión

Un monje vio un escorpión atrapado en el río y decidió salvarlo. Cuando lo sacó, el escorpión lo picó. A pesar del dolor, el monje intentó salvarlo de nuevo, y otra vez fue picado. Un hombre que observaba la escena le dijo:

—¿No ves que te pica cada vez que intentas ayudarlo?

El monje respondió:

—La naturaleza del escorpión es picar, pero la mía es ayudar.

Enseñanza: No permitas que la actitud de los demás cambie tu esencia. Hacer el bien no debería depender de cómo reaccionan los otros.

4. El hombre que compró la verdad

Un hombre viajaba en busca de sabiduría y llegó a una aldea donde se decía que vivía el más sabio de los sabios. Decidió encontrarlo y preguntarle sobre el significado de la vida. Cuando finalmente lo halló, le dijo:

—Sabio, he recorrido un largo camino y he reunido muchas riquezas. Estoy dispuesto a pagar lo que sea necesario para obtener la verdad absoluta.

El sabio sonrió y respondió:

—Bien, entonces dame todas tus riquezas.

El hombre, dudoso, entregó su oro y joyas. Entonces, el sabio le dijo:

—La verdad es esta: «No puedes comprar lo que solo se consigue con experiencia y reflexión».

El viajero se quedó en silencio, comprendiendo la lección.

Enseñanza: La sabiduría no se compra con riquezas, sino que se adquiere con el tiempo, la observación y la experiencia.

5. El discípulo impaciente

Un joven discípulo quería alcanzar la iluminación rápidamente, por lo que preguntó a su maestro cuánto tiempo tardaría en lograrlo.

—Diez años —respondió el maestro.

El joven, ansioso, replicó:

—¿Y si me esfuerzo el doble?

El maestro sonrió y dijo:

—Entonces te tomará veinte años.

El joven, confundido, preguntó por qué.

—Porque cuando tienes demasiada prisa por llegar, no disfrutas el camino —expresó el maestro.

Enseñanza: La paciencia y la dedicación constante son claves para el crecimiento personal. Apresurarse solo nos aleja de nuestro objetivo.

Reflexión final

El mundo no es un reflejo de una única verdad, sino una suma de percepciones. A veces, nos aferramos a nuestras ideas sin considerar que los demás también tienen su propia manera de ver la vida. Entender que cada persona tiene su propia historia y perspectiva nos ayuda a ser más compasivos, flexibles y abiertos al aprendizaje.

No todo es lo que parece a primera vista, y muchas veces los eventos que consideramos malos pueden traer oportunidades disfrazadas. Practicar la ecuanimidad nos permite vivir con menos sufrimiento y más comprensión, abrazando la incertidumbre como parte natural de la existencia.

Capítulo 2:
La importancia del equilibrio

Cuerpo, mente y espíritu en armonía

El equilibrio es la clave para una vida plena. Un exceso de trabajo sin descanso puede llevarnos al agotamiento, así como una vida sin desafíos puede hacernos sentir vacíos. La verdadera armonía se encuentra cuando logramos cuidar nuestro cuerpo, nutrir nuestra mente y cultivar nuestro espíritu en igual medida.

Los grandes sabios han enseñado que el bienestar no es producto de la casualidad, sino de hábitos y elecciones conscientes. Aristóteles hablaba del «justo medio», Buda enseñaba el «camino del medio» y el taoísmo enfatiza la importancia de fluir con la naturaleza sin forzar ni resistirse.

Cuando encontramos un balance entre nuestras responsabilidades, nuestras pasiones y nuestro descanso, nuestra vida adquiere mayor estabilidad y sentido.

Historias sobre balance y bienestar

1. La cuerda floja

Un equilibrista caminaba sobre una cuerda floja con una vara en sus manos. Sus movimientos eran precisos y calculados. Un discípulo le preguntó cómo lograba mantenerse sin caer.

—Es sencillo —dijo el equilibrista—. Si inclino mi cuerpo demasiado hacia un lado, compenso del otro. Si miro hacia abajo, me tambaleo; si miro demasiado lejos, pierdo el presente. Solo puedo mantenerme en pie cuando todo está en equilibrio.

Enseñanza: La vida es como caminar en una cuerda floja. Si nos inclinamos demasiado hacia el trabajo, la diversión o el descanso, perdemos la estabilidad. La clave es compensar y mantener el enfoque en el presente.

2. El arquero y la respiración

Un maestro arquero enseñaba a sus alumnos la importancia del equilibrio interno. Un discípulo impaciente preguntó:

—¿Cómo puedo mejorar mi puntería?

El maestro respondió:

—Respira profundamente. Si tensas demasiado la cuerda, se romperá. Si la dejas demasiado floja, la flecha no saldrá con fuerza. La clave está en encontrar el punto justo.

El discípulo comprendió que su ansiedad por el resultado afectaba su desempeño. Desde entonces, aprendió a mantener la calma y su puntería mejoró.

Enseñanza: Así como un arquero equilibra su tensión, debemos equilibrar nuestras emociones y energías para alcanzar nuestras metas con éxito.

3. El leñador que no afilaba su hacha

Un leñador trabajaba incansablemente, pero cada vez le costaba más cortar árboles. Un anciano le preguntó:

—¿Cuándo fue la última vez que afilaste tu hacha?

—No tengo tiempo para eso —respondió el leñador—. Tengo demasiado trabajo.

El anciano sonrió y dijo:

—Si nunca te detienes a afilar tu herramienta, pronto no podrás cortar ni un solo árbol.

El leñador entendió que descansar y prepararse era tan importante como el trabajo mismo.

Enseñanza: Si no nos damos tiempo para recuperar energías, nos volvemos ineficientes. Descansar no es perder tiempo, sino afilar nuestras herramientas para ser más productivos.

4. El bambú y el roble

Un bambú y un roble crecían juntos en el bosque. El roble era fuerte y robusto, mientras que el bambú parecía frágil. Un día, una tormenta azotó el bosque. El roble resistió con firmeza, pero el viento lo arrancó de raíz. El bambú, en cambio, se inclinó con el viento y permaneció intacto.

Enseñanza: La rigidez nos hace vulnerables, mientras que la flexibilidad nos permite adaptarnos y sobrevivir. El equilibrio no solo es fuerza, sino también adaptabilidad.

5. El monje y la piedra en el río

Un discípulo preguntó a su maestro cómo podía encontrar la paz interior. El maestro le llevó a un río y le mostró dos piedras: una lisa y otra rugosa.

—Toca la piedra lisa —dijo el maestro.

—Es suave y agradable al tacto —respondió el discípulo.

—Ahora, toca la piedra rugosa.

—Es áspera y dura.

—Ambas estuvieron en el río —explicó el maestro—, pero la lisa permitió que el agua fluyera a su alrededor, mientras que la rugosa se resistió al cambio. ¿Cuál de las dos prefieres ser?

El discípulo entendió que el equilibrio consistía en permitir que la vida fluya sin oponer resistencia innecesaria.

Enseñanza: La paz se encuentra cuando dejamos de luchar contra la corriente y aprendemos a fluir con la vida.

Reflexión final

El equilibrio no significa repartir el tiempo de manera matemática entre nuestras responsabilidades, sino encontrar una armonía que nos permita sentirnos bien en cuerpo, mente y espíritu. A veces, es necesario trabajar más; otras veces, es esencial descansar.

Escuchar nuestras necesidades internas y ajustar el ritmo nos ayuda a evitar el agotamiento y a disfrutar nuestra existencia con mayor plenitud. Una vida equilibrada es aquella en la que podemos atender nuestras obligaciones sin descuidar nuestro bienestar.

Capítulo 3:
La resiliencia y el aprendizaje a través de la adversidad

El valor de la dificultad

La vida no es un camino sin obstáculos, sino una serie de desafíos que nos moldean. Todos enfrentamos dificultades, pero lo que realmente importa no es lo que nos sucede, sino cómo reaccionamos ante ello. La resiliencia es la capacidad de adaptarnos y fortalecernos frente a la adversidad.

Los estoicos enseñaban que las dificultades son pruebas que nos ayudan a crecer. Marco Aurelio decía: «Lo que obstaculiza el camino, se convierte en el camino». En otras palabras, los problemas no son barreras, sino oportunidades para desarrollar fortaleza, paciencia y sabiduría.

Este capítulo reúne historias que ilustran la importancia de la resiliencia y cómo podemos convertir los desafíos en herramientas de crecimiento personal.

Historias de superación y fortaleza

1. La mariposa y el capullo

Un hombre encontró un capullo de mariposa y decidió observar cómo salía. Un pequeño agujero apareció, y la mariposa luchó por salir. Después de un tiempo, parecía estancada, por lo que el hombre decidió ayudarla y abrió el capullo con cuidado.

Sin embargo, la mariposa nunca pudo volar. Su cuerpo era débil y sus alas no se desarrollaron por completo. El esfuerzo de salir del capullo era necesario para fortalecer sus músculos y poder volar.

Enseñanza: Las dificultades tienen un propósito: nos fortalecen. Evitar los desafíos puede debilitarnos en lugar de ayudarnos.

2. La piedra en el camino

Un rey colocó una gran piedra en medio del camino y se escondió para ver quién la movería. Muchos pasaban y se quejaban, pero nadie hacía nada.

Finalmente, un campesino llegó y, con esfuerzo, movió la piedra. Debajo de ella encontró una bolsa llena de oro y una nota que decía: «La verdadera riqueza llega a quienes enfrentan los obstáculos en lugar de evitarlos».

Enseñanza: Los problemas pueden ocultar oportunidades. Enfrentar los desafíos con valentía puede traer recompensas inesperadas.

3. El bambú japonés

Cuando se siembra el bambú japonés, no se ve ningún crecimiento en los primeros años. No obstante, bajo tierra, sus raíces se expanden profundamente. Después de cinco años, el bambú crece varios metros en pocas semanas.

Enseñanza: La resiliencia requiere paciencia. A veces, el crecimiento no es visible de inmediato, pero cada esfuerzo cuenta y nos prepara para florecer cuando sea el momento adecuado.

4. El alfarero y la arcilla

Un joven visitó a un alfarero y le preguntó cómo creaba piezas tan hermosas. El alfarero respondió:

—La clave está en el fuego. Sin la prueba del calor, la arcilla sigue siendo frágil. Pero al pasar por el fuego, se endurece y se convierte en algo resistente.

El joven entendió que las dificultades son como el fuego: aunque pueden parecer duras, nos ayudan a fortalecernos.

Enseñanza: Las pruebas de la vida nos transforman. La resiliencia no es evitar el dolor, sino aprender de él y salir más fuertes.

5. El águila y la tormenta

Cuando se avecina una tormenta, la mayoría de las aves buscan refugio. El águila, en cambio, vuela hacia la tormenta y usa el viento para elevarse por encima de ella.

Enseñanza: En lugar de huir de los problemas, podemos usarlos como impulso para crecer y superarnos.

Reflexión final

La resiliencia no significa ignorar el dolor o las dificultades, sino aprender de ellas. Cada obstáculo es una oportunidad para crecer. En lugar de preguntarnos «¿Por qué me pasa esto?», podemos preguntarnos «¿Qué puedo aprender de esto?».

Las personas más fuertes no son aquellas que nunca han caído, sino las que han sabido levantarse cada vez. Cultivar la resiliencia nos permite enfrentar la vida con más confianza, sabiendo que somos capaces de superar cualquier desafío.

Capítulo 4: La paciencia y el tiempo como aliados

Comprender el valor del tiempo

Vivimos en una época donde la inmediatez es la norma. Queremos resultados rápidos, respuestas inmediatas y cambios instantáneos. No obstante, la naturaleza nos enseña que todo tiene su tiempo. El árbol no da frutos de la noche a la mañana, el río no esculpe la roca en un instante, y el ser humano no alcanza la sabiduría de un día para otro.

La paciencia no es solo la capacidad de esperar, sino la habilidad de mantener una buena actitud mientras lo hacemos. Los estoicos, el budismo y muchas otras filosofías han resaltado la importancia de comprender los ciclos del tiempo y aprender a fluir con ellos en lugar de resistirlos.

A continuación, veremos historias que ilustran cómo la paciencia y la confianza en el tiempo pueden llevarnos a mejores resultados.

Historias de paciencia y perseverancia

1. El viejo y el manzano

Un anciano estaba plantando un manzano cuando un joven pasó y se rio de él.

—¿Para qué plantas ese árbol? No vivirás lo suficiente para comer sus frutos.

El anciano sonrió y respondió:

—Toda mi vida he comido frutas de árboles que otros plantaron antes que yo. Ahora es mi turno de hacer lo mismo para las generaciones futuras.

Enseñanza: No todo lo que hacemos es para obtener beneficios inmediatos. Algunas acciones requieren paciencia y generosidad para que sus frutos sean disfrutados más adelante.

2. El bambú y el helecho

Un día, un discípulo impaciente se acercó a su maestro y le dijo:

—Maestro, me esfuerzo todos los días por mejorar, pero siento que no avanzo. Otros parecen progresar más rápido que yo, y eso me desespera. ¿Debería rendirme?

El maestro lo llevó al bosque y le pidió que observara dos plantas: un helecho y un bambú.

—Cuando sembré ambas semillas, las cuidé con la misma dedicación. El helecho creció rápidamente y en pocos meses cubrió el suelo con su verdor. Pero la semilla de bambú no mostraba señales de crecimiento.

El discípulo escuchaba con atención mientras el maestro hablaba:

—Sin embargo, yo no dejé de regar la semilla del bambú. Pasó un año, y nada. Dos años, y nada. Tres, cuatro… y seguía sin brotar. Finalmente, en el quinto año, un pequeño brote surgió del suelo. Pero entonces, en solo seis meses, el bambú creció más de 10 metros.

—¿Sabes por qué? —preguntó el maestro.

El discípulo negó con la cabeza.

—Durante todos esos años en los que parecía que no pasaba nada, el bambú estaba desarrollando una red de raíces fuertes bajo tierra. Solo cuando estuvo listo, creció hacia el cielo.

El maestro miró a su alumno y concluyó:

—Tu proceso de aprendizaje es como el bambú. No te compares con otros. Algunos crecen rápido como el helecho, otros necesitan más tiempo para desarrollar bases sólidas. Confía en el proceso y sigue adelante con paciencia.

Enseñanza: Cada persona crece a su propio ritmo. Lo importante no es la rapidez del crecimiento, sino la solidez de las raíces que construimos en el camino.

3. El dedo del rey

Había una vez un rey que tenía un consejero sabio y leal. Este consejero tenía la costumbre de decir siempre:

—Todo sucede para bien —sin importar la situación.

Un día, el rey fue de caza. En medio de la persecución de un ciervo, su caballo tropezó y el rey cayó al suelo, cortándose gravemente un dedo. Dolorido y furioso, se quejó ante su consejero, quien simplemente respondió con su frase habitual:

—Todo sucede para bien, Majestad.

El rey, irritado por su falta de compasión, gritó:

—¿Perdiste la razón? ¿Cómo puede ser bueno que haya perdido un dedo?

Sin pensarlo más, ordenó que el consejero fuera encarcelado.

Pasaron los días, y el rey decidió salir de caza de nuevo, esta vez sin su fiel consejero. En su travesía, fue capturado por una tribu de caníbales. Al ver que era un hombre fuerte y bien alimentado, lo llevaron a su aldea para sacrificarlo a sus dioses.

Pero justo antes de la ceremonia, los sacerdotes notaron que al rey le faltaba un dedo. Según sus creencias, la ofrenda debía estar completa y sin defectos, por lo que lo consideraron impuro y lo dejaron ir.

El rey regresó corriendo a su palacio, sintiéndose aliviado y con el corazón lleno de gratitud. De inmediato ordenó la liberación de su consejero y le dijo:

—Tenías razón, todo sucede para bien. Me capturaron los caníbales y, como me faltaba un dedo, me dejaron libre. Te pido perdón por haberte encerrado.

El consejero, sonriendo con serenidad, respondió:

—No hay nada que perdonar, Majestad. Todo sucede para bien.

El rey, sorprendido, preguntó:

—Pero ¿qué tenía de bueno que yo te encarcelara?

El consejero respondió con calma:

—Majestad, si no me hubieras encarcelado, habría ido con usted de caza… Y como yo tengo todos mis dedos, los caníbales me habrían sacrificado a mí.

Enseñanza: La paciencia no es simplemente esperar, sino aprender a confiar en los tiempos de la vida. A menudo, lo que hoy parece una desgracia, mañana se revela como una bendición disfrazada.

4. El hombre y el ciervo

Un hombre intentó tocar un ciervo, pero este era demasiado rápido. Decidió cambiar de estrategia: en lugar de perseguirlo, dejó comida en un lugar fijo cada día.

El ciervo, poco a poco, perdió el miedo y se acercó más. Con el tiempo, el hombre logró acercarse lo suficiente para tocarlo.

Enseñanza: La paciencia puede lograr lo que la prisa no consigue. Algunas metas requieren construir confianza y esperar el momento adecuado.

5. El alfarero y la espera

Un joven alfarero quería hacer una hermosa vasija. Colocó la arcilla en el horno, pero no pudo esperar el tiempo suficiente y la sacó antes de que estuviera lista. La vasija se rompió en sus manos.

Su maestro le explicó:

—No basta con moldear bien la arcilla, también debes darle el tiempo necesario para endurecerse.

Enseñanza: Muchas cosas en la vida necesitan tiempo para madurar. Acelerar los procesos puede arruinar el resultado.

Reflexión final

La paciencia no es resignación, sino sabiduría. Es entender que cada cosa tiene su tiempo y que apresurarnos puede ser más perjudicial que beneficioso.

A veces, queremos resultados inmediatos, pero la vida nos enseña que las mejores recompensas llegan a quienes saben esperar. Si cultivamos la paciencia, aprenderemos a disfrutar el proceso, confiar en el tiempo y recibir cada etapa de la vida con serenidad.

Capítulo 5:
La gratitud como clave para la felicidad

El poder de agradecer

La gratitud es una de las emociones más poderosas y transformadoras que podemos cultivar. Agradecer no significa ignorar los problemas o conformarse con menos de lo que merecemos, sino aprender a ver y valorar lo que ya tenemos.

> *Hay quienes son felices con lo que tienen, otros, en cambio, nunca lo son, incluso teniéndolo todo.*

Desde la filosofía estoica hasta las enseñanzas del budismo, la gratitud se ha considerado una clave para la paz interior y la felicidad. David Steindl-Rast, monje benedictino y maestro espiritual, afirma:

> *No es la felicidad lo que nos hace agradecidos, sino la gratitud lo que nos hace felices.*

Cuando practicamos la gratitud, entrenamos nuestra mente para enfocarse en lo positivo en lugar de en nuestras carencias.

A continuación, exploraremos algunas historias que nos enseñan cómo el simple acto de agradecer puede cambiar nuestra perspectiva y nuestra vida.

Historias de gratitud y transformación

1. El mendigo y el sabio

Un mendigo se quejaba de su vida miserable cuando un sabio se le acercó y le preguntó:

—Si alguien te ofreciera un millón de monedas de oro a cambio de tus ojos, ¿las aceptarías?

—¡Por supuesto que no! —respondió el mendigo.

—¿Y por tus manos, tus piernas o tu capacidad de pensar?

—¡Tampoco!

El sabio sonrió y le dijo:

—Entonces, ya eres millonario. Solo que no te has dado cuenta.

Enseñanza: A menudo, nos enfocamos en lo que nos falta y olvidamos la riqueza que ya poseemos. Ser conscientes de lo que tenemos nos ayuda a valorar más nuestra vida.

2. La mujer y las dos monedas

En un templo, los fieles hacían grandes donaciones. Una mujer pobre llegó y depositó dos pequeñas monedas en la caja.

Al verla, un hombre le dijo:

—Eso no es nada comparado con lo que otros han dado.

El sacerdote intervino:

—Para ella, es todo lo que tiene. Su gratitud es más grande que cualquier donación.

Enseñanza: La gratitud no depende de la cantidad de lo que tenemos, sino de la disposición de nuestro corazón. Apreciar lo poco nos convierte en personas más ricas que aquellos que tienen mucho pero nunca están satisfechos.

3. El rey y el campesino agradecido

Un rey salió a recorrer su reino y encontró a un campesino cantando mientras trabajaba.

—¿Por qué estás tan feliz? —preguntó el rey.

—Porque tengo todo lo que necesito —respondió el campesino—. Una familia que me ama, comida en la mesa y un techo sobre mi cabeza.

El rey, que poseía riquezas incalculables, pero vivía preocupado, reflexionó:

—Tal vez la verdadera riqueza no está en tener más, sino en valorar lo que ya se tiene.

Enseñanza: La felicidad no viene de la acumulación de bienes, sino de la capacidad de disfrutar lo que ya tenemos.

4. El sabio y la tormenta

Un discípulo se quejaba de su vida y de todo lo que le faltaba. Su maestro lo llevó afuera durante una tormenta y le dijo:

—Extiende tus manos y agradece por el agua que cae del cielo.

El discípulo protestó:

—Pero estoy empapado y tengo frío.

El maestro sonrió:

—Eso es porque en lugar de agradecer la lluvia, te enfocas en tu incomodidad. Así es como muchos viven la vida.

Enseñanza: La gratitud no se trata solo de reconocer lo bueno, sino de aprender a encontrar valor en cada experiencia, incluso en los momentos difíciles.

5. El niño y las estrellas

Un niño caminaba con su abuelo y miraba las estrellas con admiración.

—¡Qué hermosas son! —dijo el niño.

El abuelo respondió:

—Agradece poder verlas, porque muchas personas no pueden. Agradece este momento, porque no todos tienen con quién compartirlo.

El niño, reflexionando, comprendió que tenía mucho más de lo que imaginaba.

Enseñanza: La gratitud se encuentra en los pequeños detalles. Apreciar lo cotidiano nos permite descubrir la belleza en cada instante.

6. El mendigo y el rey

Un mendigo se acercó al rey y le pidió una limosna.

El rey sonrió y le dijo:

—Te daré lo que desees, pero primero dime: ¿qué tienes para ofrecerme?

El mendigo, sorprendido, respondió:

—No tengo nada.

El rey insistió:

—Revisa bien.

El mendigo, avergonzado, metió la mano en su bolsa y encontró un pequeño grano de arroz. Lo entregó al rey, quien lo tomó y a cambio le dio un grano de oro.

Al recibirlo, el mendigo se puso muy feliz.

Enseñanza: Cuanto más damos, más recibimos. La gratitud y la generosidad abren la puerta a la abundancia.

7. La historia de los zapatos

Un niño pobre caminaba descalzo por la calle; al ver a otro con zapatos nuevos, sintió envidia.

Mientras lo observaba, notó que el otro niño caminaba con dificultad. Al acercarse, se dio cuenta de que usaba muletas porque no tenía una pierna.

El niño descalzo dejó de lamentarse y, en su lugar, sintió gratitud por poder correr libremente.

Enseñanza: Siempre hay algo por lo que estar agradecidos. A veces solo necesitamos cambiar nuestra perspectiva.

8. El viajero y el anciano sabio

Un viajero llegó a un pueblo y preguntó a un anciano:
—¿Cómo es la gente de aquí?
El anciano respondió con otra pregunta:
—¿Cómo era la gente del lugar de donde vienes?
—Egoístas y desagradables —dijo el viajero.
—Aquí también son así —respondió el anciano.
Más tarde, otro viajero llegó y preguntó lo mismo.
El anciano le hizo la misma pregunta y el viajero respondió:
—Eran personas amables y generosas.
—Aquí también son así —dijo el anciano.
Un joven que escuchaba le preguntó:
—¿Por qué diste respuestas distintas?
El anciano sonrió y respondió:
—Cada persona encuentra lo que lleva en su corazón.

Enseñanza: La gratitud nos ayuda a ver lo bueno en los demás y en el mundo que nos rodea.

9. El profesor y la hoja en blanco

Un profesor mostró a sus alumnos una hoja de papel con una pequeña mancha de tinta en el centro y preguntó:

—¿Qué ven aquí?

Todos respondieron:

—Una mancha de tinta.

El profesor sonrió y dijo:

—Nadie mencionó la gran parte en blanco. Así es nuestra vida: nos enfocamos en lo que está mal y olvidamos lo mucho que está bien.

Enseñanza: La gratitud nos ayuda a enfocarnos en lo positivo en lugar de en lo negativo.

10. La madre y la vela

En una aldea, una madre encendía una vela todas las noches para agradecer por un día más de vida.

Un día, un vecino le preguntó:

—¿Por qué enciendes la vela?

Ella respondió:

—Porque cada día es un regalo. No sé si mañana tendré vida, pero mientras la tenga, la valoraré y agradeceré.

Enseñanza: Apreciar lo que tenemos en el presente nos ayuda a vivir con más plenitud.

Reflexión final

La gratitud es una elección diaria. No se trata de esperar a que todo sea perfecto, sino de valorar lo que ya está en nuestra vida.

Cuando agradecemos, dejamos de lado la queja y nos enfocamos en lo que realmente importa. No importa lo que nos falte, siempre hay algo por lo que estar agradecidos.

La gratitud es un cambio de perspectiva. Nos ayuda a ver lo que tenemos en lugar de lo que nos falta, a valorar lo simple en lugar de buscar lo complejo, y a encontrar alegría en lo cotidiano.

Capítulo 6:
El arte de soltar y dejar ir

Comprender la impermanencia

Todo en la vida es transitorio: las personas, las situaciones, las emociones y hasta nosotros mismos. Sin embargo, nos aferramos a lo que nos es familiar por miedo al cambio o a la pérdida. Aprender a soltar no significa renunciar o resignarse, sino aceptar la naturaleza efímera de la existencia con serenidad.

Las filosofías orientales, como el budismo y el taoísmo, nos enseñan que la felicidad no se encuentra en la acumulación o el control, sino en la fluidez y la aceptación. Como señala una antigua reflexión atribuida a sabio taoísta Lao-Tse:

Al soltarlo todo, todo es posible.

Nada en la vida es permanente. Las estaciones cambian, las personas entran y salen de nuestras vidas, y nuestras propias emociones fluctúan constantemente. Pese a ello, nos aferramos a las cosas, las personas y las situaciones, creyendo que así podemos evitar el sufrimiento.

El desapego no significa indiferencia, sino aprender a aceptar la naturaleza cambiante de la vida sin resistencia. Filosofías como el budismo enseñan que el sufrimiento surge del apego y que soltar nos libera. Los estoicos, por su parte, practicaban la idea de la «dicotomía del control»: enfocarse en lo que podemos cambiar y aceptar lo que no.

Aprender a soltar es esencial para vivir en paz. A través de los siguientes relatos, exploraremos cómo aceptar la impermanencia y liberarnos del peso de lo que ya no nos sirve.

Desde tiempos inmemoriales, la humanidad ha luchado contra el cambio. Nos aferramos a personas, situaciones, objetos y expectativas porque nos brindan seguridad y estabilidad. Sin embargo, la realidad es que todo en la vida es transitorio. Como enseña la sabiduría budista:

Todo lo que tiene un principio, tiene un final.

Aceptar la impermanencia nos permite vivir con mayor paz y libertad. No significa resignarse, sino comprender que el cambio es parte natural de la vida y que el desapego nos ayuda a encontrar felicidad en lo simple, en lo esencial.

Solo posees aquello que no puedes perder
en un naufragio.
Proverbio hindú

Desde tiempos inmemoriales, los seres humanos hemos sentido apego por las cosas, las personas y las ideas. Nos aferramos a lo material, a las relaciones, a nuestras creencias e incluso a nuestra identidad. No obstante, el desapego es una clave fundamental para encontrar la verdadera libertad y la paz interior.

El apego genera miedo: miedo a perder, miedo a cambiar, miedo a lo desconocido. Pero cuando aprendemos a soltar, descubrimos que la vida se vuelve más ligera y fluida.

¿Qué significa el desapego?

Desapegarse no significa renunciar a todo ni vivir sin amor. Más bien, implica aceptar que nada es permanente y que aferrarse solo genera sufrimiento. Significa disfrutar sin depender, amar sin poseer y avanzar sin miedo.

El desapego nos enseña a vivir con gratitud por lo que tenemos, pero sin la ansiedad de perderlo. Nos permite ver la vida como un flujo constante de experiencias en lugar de una colección de cosas que tememos perder.

A continuación, exploraremos relatos que nos ayudarán a comprender el valor del desapego y cómo puede liberarnos de cargas innecesarias.

Historias sobre el desapego y la aceptación

1. El monje y la taza rota

Un monje tenía una hermosa taza de porcelana. La usaba con gratitud, pero siempre decía:

—Para mí, esta taza ya está rota.

Un día, la taza cayó y se rompió en pedazos. Al ver la sorpresa en los demás, el monje sonrió y dijo:

—Sabía que este día llegaría. Por eso, disfruté de cada momento con la taza sin apegarme a ella.

Enseñanza: Todo lo que poseemos es temporal. Si aprendemos a disfrutar sin aferrarnos, sufriremos menos cuando las cosas cambien.

2. La fábula del mono atrapado

En la selva, los cazadores atrapaban monos con una trampa simple: colocaban un puñado de nueces dentro de un frasco de cuello estrecho.

El mono metía la mano, agarraba las nueces, pero no podía sacarla sin soltarlas. A pesar del peligro, se negaba a abrir la mano y quedaba atrapado.

Enseñanza: Muchas veces nos aferramos a cosas que, en lugar de ayudarnos, nos mantienen estancados. Aprender a soltar es la clave para avanzar.

3. El samurái y el insulto

Un anciano maestro estaba sentado tranquilamente cuando un joven samurái lo insultó con furia.

El maestro no respondió, lo que enfureció aún más al samurái.

Un discípulo preguntó al maestro:

—¿Por qué no respondió a sus insultos?

El maestro sonrió y dijo:

—Si alguien te ofrece un regalo y no lo aceptas, ¿a quién pertenece?

—A quien lo ofreció —respondió el discípulo.

—Lo mismo ocurre con la ira y el odio. Si no los aceptas, no te pertenecen.

Enseñanza: No podemos controlar lo que los demás hacen o dicen, pero sí podemos elegir si nos aferramos a ello o lo dejamos pasar.

4. La historia de los dos monjes y la mujer

Dos monjes caminaban por un sendero cuando llegaron a un río donde una mujer esperaba cruzar.

Uno de los monjes la cargó y la ayudó a cruzar.

Más adelante, el otro monje le dijo con molestia:

—Nosotros no debemos tocar mujeres, pero tú lo hiciste.

El primer monje respondió:

—Yo la cargué y la dejé en la orilla. Tú sigues cargándola en tu mente.

Enseñanza: Muchas veces nos aferramos a pensamientos o emociones que ya no tienen relevancia. Dejar ir es un acto de liberación personal.

5. El viejo burro y el pozo

Un campesino tenía un burro que cayó en un pozo seco. Al ver que era imposible sacarlo, decidió enterrarlo allí mismo.

El burro, al notar que le caía tierra encima, en vez de desesperarse, se sacudía y subía sobre la tierra acumulada. Poco a poco, la tierra lo elevó hasta que pudo salir.

Enseñanza: La vida nos arroja dificultades, pero podemos usarlas para impulsarnos en lugar de hundirnos. Soltar el miedo y la queja nos permite encontrar soluciones.

6. La casa en llamas

Un hombre regresó de trabajar y encontró su casa en llamas. Desesperado, gritaba y lloraba, aferrándose a lo que había perdido.

De pronto, su hijo apareció y le dijo:

—Padre, salí antes del incendio y estoy bien.

El hombre lo abrazó con alivio y, de repente, su preocupación por la casa se desvaneció.

Enseñanza: A veces nos aferramos a lo material sin darnos cuenta de que lo más valioso ya está con nosotros.

7. El general y su espada

Un gran guerrero tenía una espada que lo acompañó en todas sus batallas. Cuando envejeció, se aferraba a ella con nostalgia.

Un día, un sabio le dijo:

—Tu espada ya no tiene utilidad para ti. Si la entregas a alguien que la necesite, seguirá cumpliendo su propósito.

El general regaló su espada a un joven soldado y sintió una inesperada paz.

Enseñanza: Soltar no es perder, sino permitir que algo siga su curso natural.

8. La historia del río y el océano

Un río temía llegar al océano porque creía que desaparecería. Pero cuando finalmente llegó, se dio cuenta de que no desapareció, sino que se convirtió en algo más grande.

Enseñanza: Dejar ir no significa desaparecer, sino tranformarse y evolucionar.

9. El anillo del rey

Un rey pidió a sus sabios una frase que le ayudara en los momentos difíciles.

Ellos le entregaron un anillo con la inscripción: «Esto también pasará».

Cuando el rey enfrentó crisis, recordó la frase y encontró paz. Pero también la mantuvo presente en momentos de éxito, recordándose que todo es temporal.

Enseñanza: Tanto los momentos difíciles como los buenos son pasajeros. Aceptarlo nos ayuda a vivir con mayor equilibrio.

10. El barco que se hunde

Un joven viajaba en un barco que comenzó a hundirse. Mientras los demás entraban en pánico, un anciano permanecía tranquilo.

—¿Por qué no te preocupas? —preguntó el joven.

El anciano respondió:

—Porque si el barco se salva, estaré bien. Y si se hunde, tampoco tengo control sobre ello. ¿Para qué preocuparme?

Enseñanza: Aprender a soltar el control nos permite vivir con mayor paz.

11. El vaso de agua

Un profesor mostró un vaso de agua a sus alumnos y preguntó cuánto pesaba.

Las respuestas variaron, pero él explicó:

—El peso no importa. Lo que importa es cuánto tiempo lo sostienes. Si lo tengo unos minutos, no pasa nada. Pero si lo sostengo todo el día, mi brazo dolerá.

Luego concluyó:

—Los problemas y preocupaciones son como este vaso. Si los llevamos por mucho tiempo, nos dañan.

Enseñanza: Soltar no significa olvidar, sino dejar de cargar lo que nos pesa.

Reflexión final

Aferrarnos a lo que no podemos cambiar solo nos causa sufrimiento. Cuando aprendemos a soltar, encontramos ligereza, libertad y paz.

La vida fluye como un río, y nosotros debemos aprender a fluir con ella. Aferrarnos a lo que ya pasó solo nos impide avanzar. Al aceptar la impermanencia, encontramos verdadera libertad.

Soltar es un acto de valentía y sabiduría. No significa olvidar, sino liberar lo que nos ata para vivir plenamente el presente.

Aprender a soltar es un acto de amor propio. Nos libera de cargas innecesarias, nos permite vivir el presente con plenitud y nos abre espacio para nuevas oportunidades.

Cuando dejamos ir lo que ya no nos sirve —una relación, un rencor, una expectativa irreal—, nos volvemos más ligeros y nos sentimos en paz con la vida.

Capítulo 7:
Finanzas sin drama

Una relación saludable con el dinero

El dinero es una herramienta, no un fin en sí mismo. Aun así, muchas personas viven con estrés financiero, ya sea por escasez, deudas o miedo al futuro. La clave para una vida financiera equilibrada no está en la cantidad de dinero que ganamos, sino en cómo lo administramos y nuestra relación con él.

Desde tiempos antiguos, las filosofías han reflexionado sobre el valor del dinero y la importancia del desapego. Los estoicos enseñaban a no depender de la riqueza para la felicidad, mientras que en el budismo se enfatiza la simplicidad y la gratitud.

Este capítulo busca presentar una perspectiva relajada sobre las finanzas, con relatos que nos inviten a reflexionar sobre el ahorro, la inversión y el uso consciente del dinero, sin convertirlo en una fuente de ansiedad.

Historias sobre dinero y sabiduría financiera

1. El campesino y el banquero

Un banquero visitó a un campesino que vivía feliz con lo que tenía.

—¿Por qué no ahorras dinero y compras más tierras? —preguntó el banquero.

—¿Para qué? —respondió el campesino.

—Para tener más producción, vender más y hacerte rico.

—¿Y luego?

—Luego podrías retirarte y vivir tranquilo.

El campesino sonrió.

—Pero yo ya vivo tranquilo.

Enseñanza: No es la riqueza la que nos da paz, sino nuestra forma de vivir.

2. El sabio y la moneda de oro

Un hombre pobre encontró una moneda de oro y fue corriendo a preguntarle a un sabio qué hacer con ella.

—Puedes gastarla en placeres y sentir felicidad momentánea, o invertirla sabiamente y asegurarte bienestar a largo plazo —dijo el sabio.

El hombre decidió gastarla de inmediato en una gran cena, pero al día siguiente volvió a su pobreza.

Enseñanza: La riqueza bien administrada nos da libertad; el gasto impulsivo nos encadena.

3. Los dos comerciantes

Dos comerciantes viajaban con su mercancía. Uno gastaba sin control, confiando en que siempre ganaría más. El otro ahorraba e invertía con prudencia.

Un día, enfrentaron tiempos difíciles. El primero perdió todo y quedó endeudado, mientras que el segundo pudo sobrevivir sin preocupaciones.

Enseñanza: La estabilidad financiera no depende solo de cuánto ganamos, sino de cómo administramos nuestros recursos.

4. El viejo sabio y el diamante

Un viajero encontró a un sabio y le pidió dinero.

El sabio, sin dudar, le regaló un diamante enorme.

Días después, el viajero regresó y le dijo:

—No quiero el diamante. Quiero aprender la paz que tienes al desprenderte de él sin dudar.

Enseñanza: La verdadera riqueza no está en lo que poseemos, sino en nuestra libertad frente al dinero.

5. La fábula de la cigarra y la hormiga

La cigarra cantaba y la hormiga trabajaba sin descanso.

Pero cuando llegó el invierno, la hormiga no solo tenía comida, sino también tiempo para disfrutar porque había planeado con sabiduría.

En cambio, la cigarra tuvo que pedir ayuda.

Enseñanza: Ahorrar e invertir no significa privarnos del presente, sino prepararnos para el futuro sin angustia.

6. El pescador y el empresario

Un empresario visitó un pequeño pueblo costero y vio a un pescador descansando junto a su bote.

—¿Por qué no pescas más peces? —preguntó el empresario.

—Porque con los que atrapo es suficiente para vivir hoy, e incluso ahorro para el mañana —respondió el pescador.

—Si trabajas más, podrás comprar un barco más grande, luego una flota, y finalmente podrías ser millonario.

—¿Y después?

—Podrías retirarte y vivir tranquilo en la playa.

El pescador sonrió y dijo:

—Eso es justo lo que ya hago.

Enseñanza: La riqueza no siempre es tener más, sino saber cuándo es suficiente.

7. El rey y las tres monedas de oro

Un rey le dio tres monedas de oro a su consejero y le preguntó qué haría con ellas.

El consejero respondió:

—Una la gastaré en necesidades, otra la invertiré para el futuro, y la última la donaré para ayudar a alguien más.

El rey sonrió y le dijo:

—Esa es la clave de la estabilidad: equilibrio entre el presente, el futuro y la generosidad.

Enseñanza: Un buen manejo del dinero incluye cubrir necesidades, ahorrar y ayudar a los demás.

8. La historia del campesino precavido

Un campesino siempre guardaba una parte de su cosecha en un granero.

—¿Por qué no vendes todo y disfrutas más? —le preguntaron sus vecinos.

Él respondió:

—Si hay sequía o tiempos difíciles, mi familia no sufrirá.

Años después, una mala cosecha afectó a todos, menos al campesino, quien había pensado en el futuro.

Enseñanza: Ahorrar no es limitarse, sino prepararse para tiempos inciertos.

9. El sabio y la moneda

Un joven le preguntó a un sabio si el dinero era bueno o malo.

El sabio tomó una moneda y le preguntó:

—Si la usas para comprar comida para los hambrientos, ¿es buena o mala?

—Buena —respondió el joven.

—Si la usas para aprovecharte de otros, ¿es buena o mala?

—Mala —dijo el joven.

El sabio concluyó:

—El dinero no es bueno ni malo. Lo importante es cómo lo usamos.

Enseñanza: No hay que temerle al dinero ni idolatrarlo, sino aprender a usarlo con sabiduría.

10. La riqueza del mendigo

Un mendigo pasó años sentado sobre una caja de madera.

Un día, alguien le preguntó:

—¿Qué hay dentro de la caja?

El mendigo nunca lo había comprobado. Cuando la abrió, descubrió que estaba llena de oro.

Enseñanza: Muchas veces, tenemos más recursos (materiales, físicos, mentales y espirituales) de los que creemos. Solo necesitamos aprender a aprovecharlos.

11. El sabio y la bolsa de arroz

Un discípulo se quejaba de que su dinero nunca le alcanzaba. Un sabio le dio una bolsa de arroz y le dijo:

—Cada vez que tomes un puñado, separa un poco en otra bolsa.

Con el tiempo, el discípulo vio que la bolsa extra se llenaba sin que él sufriera escasez.

Enseñanza: Ahorrar poco a poco es la clave para construir estabilidad financiera sin sacrificios extremos.

Reflexión final

El dinero debe ser un aliado, no un enemigo. Con una mentalidad tranquila y estratégica, podemos alcanzar estabilidad sin sacrificar nuestra paz mental.

No se trata de vivir para ahorrar, sino de ahorrar y planificar para vivir mejor.

El dinero no es bueno ni malo, es simplemente una herramienta. Lo importante es usarlo con inteligencia y sin obsesionarnos con él.

Vivir con estabilidad financiera no significa ser millonarios, sino aprender a gastar conscientemente, ahorrar e invertir con sabiduría, y disfrutar sin excesos ni preocupaciones.

La verdadera riqueza está en la tranquilidad.

Capítulo 8:
El desapego de lo material y la búsqueda de la felicidad interior

Comprender el valor de lo esencial

Vivimos en un mundo donde el éxito muchas veces se mide por lo que poseemos: casas, autos, ropa de marca, tecnología de última generación. Sin embargo, cuando nos apegamos demasiado a las cosas materiales, corremos el riesgo de perder de vista lo realmente importante: nuestra paz interior, nuestras relaciones y nuestra felicidad.

El desapego no significa renunciar a todo y vivir sin nada, sino aprender a valorar lo esencial y no depender de lo material para sentirnos completos. En este capítulo, exploraremos historias que nos ayudarán a reflexionar sobre la importancia de soltar y encontrar la felicidad en lo simple.

Historias sobre desapego y felicidad en lo simple

1. El mercader y la bolsa de oro

Un mercader perdió una bolsa con cien monedas de oro y entró en desesperación.

Un sabio le preguntó:

—¿Y eso es lo único que tenías?

—No, tengo mucho más —respondió el mercader.

—¿Y eso no te hace feliz?

—No lo había pensado —dijo el mercader.

—Entonces, ¿por qué crees que cien monedas menos arruinarán tu felicidad?

El mercader comprendió que su apego a lo que había perdido le impedía disfrutar de lo que tenía.

Enseñanza: El apego a lo material nos impide valorar la abundancia real en nuestra vida.

2. El rey que acumulaba tesoros

Un rey pasaba su vida acumulando riquezas. Antes de morir, pidió llevar su oro con él, pero los sabios del reino le dijeron:

—Nada de lo que acumules podrás llevarte. Lo único que queda es lo que compartiste y el amor que diste.

El rey entendió que su verdadero legado no estaba en sus tesoros, sino en cómo vivió su vida.

Enseñanza: Las posesiones son temporales, pero el amor y la generosidad son eternos.

3. El comerciante y el cofre de oro

Un exitoso comerciante poseía un cofre lleno de oro y joyas, su posesión más preciada. Lo guardaba con recelo y lo revisaba cada noche.

Un día, una gran tormenta azotó la ciudad y su casa fue destruida. En medio del caos, el comerciante intentó salvar su cofre, pero era demasiado pesado.

Mientras huía con él en brazos, tropezó y cayó al río. El cofre, al hundirse, lo arrastró consigo. Desesperado, luchó por aferrarse a su tesoro hasta que la corriente comenzó a llevárselo.

Un pescador que observaba la escena desde la orilla le gritó:

—¡Suelta el cofre o te ahogarás!

Pero el comerciante, cegado por el apego, respondió:

—¡No puedo! Es todo lo que tengo.

Las aguas lo arrastraron, y nunca más se supo de él.

Enseñanza: Apegarnos demasiado a lo material puede hacernos perder lo más valioso: la vida y la paz interior. Aprender a soltar nos permite avanzar con mayor ligereza y libertad.

4. El niño y las canicas

Un niño tenía muchas canicas y no dejaba que nadie las tocara. Un día, se le cayó una y rodó hasta un río.

Lloró con desesperación, pero su abuelo le dijo:

—Si compartieras tus canicas, las disfrutarías más, en lugar de sufrir por una sola.

Enseñanza: Aferrarnos a lo material nos hace más propensos al sufrimiento. Compartir y desapegarnos nos da mayor felicidad.

5. El anciano que vendió su casa

Un anciano decidió vender su casa y mudarse a un lugar más pequeño. Sus amigos le preguntaron si no extrañaría su hogar.

Él respondió:

—Viví ahí muchos años, pero mis recuerdos no están en las paredes, sino en mi corazón.

Enseñanza: Lo que realmente importa no es lo que poseemos, sino lo que llevamos dentro.

6. El campesino y la gallina de los huevos de oro

Un campesino descubrió que su gallina ponía un huevo de oro cada día. Impaciente por hacerse rico más rápido, decidió abrir a la gallina para sacar todo el oro de una vez.

Para su desgracia, no encontró nada y perdió la fuente de riqueza.

Enseñanza: La riqueza se construye con paciencia. Querer resultados inmediatos puede llevarnos a perderlo todo.

7. El granjero y las dos vasijas

Un granjero tenía dos vasijas para transportar agua. Una estaba en perfectas condiciones, mientras que la otra tenía pequeñas grietas por donde se escapaba un poco de agua en el camino.

Un día, la vasija agrietada le dijo al granjero:

—Lo siento, no soy tan útil como la otra.

El granjero sonrió y le mostró el camino que recorrían cada día: a un lado, todo estaba seco, y al otro, lleno de flores.

—Gracias a las gotas que derramas, este sendero se ha llenado de vida.

Enseñanza: No hay que obsesionarse con la perfección financiera. Pequeñas acciones constantes pueden generar grandes resultados con el tiempo.

8. El maestro y la moneda de oro

Un discípulo preguntó a su maestro:

—¿Qué es más valioso, una moneda de oro o una idea?

El maestro respondió:

—Si tienes una moneda y la das, solo tendrás una moneda menos. Pero si compartes una idea, ambos ganarán conocimiento.

Luego agregó:

—Si aprendes a usar bien una moneda, podrás generar muchas más.

Enseñanza: No solo se trata de ganar dinero, sino de aprender a administrarlo e invertirlo sabiamente.

Reflexión final

La felicidad no está en los objetos, sino en la libertad que sentimos al no depender de ellos. Tener cosas no es un problema; el problema es cuando son ellas las que nos tienen a nosotros.

Aprender a soltar, valorar lo esencial y disfrutar lo simple nos permite vivir con más ligereza y paz.

El apego a lo material puede hacernos sentir seguros, pero también nos encadena. Cuando aprendemos a apreciar lo importante y soltar lo innecesario, encontramos verdadera libertad.

Soltar no significa perder, sino abrir espacio para cosas nuevas y más significativas. La verdadera riqueza no está en lo que poseemos, sino en la paz con la que vivimos.

El escritor Antoine de Saint-Exupéry en su obra *El Principito* escribió:

Lo esencial es invisible a los ojos.

Este pensamiento expresa la idea de que la verdadera riqueza de la vida no se encuentra en lo material, sino en las experiencias, la conexión con los demás y el significado que le damos a nuestra existencia. Es un recordatorio de que debemos vivir con intención y simplicidad, centrándonos en lo que realmente importa.

Capítulo 9: Algunas frases con pensamientos, acomodados en orden cronológico

Antigüedad (antes del siglo V d. C.)

- **Confucio**: «Elige un trabajo que te guste y no tendrás que trabajar ni un día de tu vida».
- **Heráclito**: «Nada es permanente, excepto el cambio».
- **Buda Gautama**: «El dolor es inevitable, pero el sufrimiento es opcional».
- **Sócrates**: «Solo sé que no sé nada».
- **Platón**: «La educación es el proceso de encender una llama, no de llenar un recipiente».
- **Aristóteles**: «Somos lo que hacemos repetidamente. La excelencia, entonces, no es un acto, sino un hábito».
- **Epícteto**: «No es lo que te sucede, sino cómo reaccionas a ello lo que importa».
- **Séneca**: «La vida es como una obra de teatro: no importa cuánto dure, sino qué tan bien se haya actuado».
- **Marco Aurelio**: «Tienes poder sobre tu mente, no sobre los eventos externos. Date cuenta de esto y encontrarás la fuerza».

Edad Media y Renacimiento (siglo V-XVII)

- **San Agustín**: «Ama y haz lo que quieras».
- **Al-Farabi**: «La felicidad suprema se encuentra en el conocimiento».

- **Avicena**: «La imaginación es la mitad de la enfermedad; la tranquilidad es la mitad del remedio; la paciencia es el comienzo de la cura».
- **Maimónides**: «La enseñanza que deja huella no es la que se hace de cabeza a cabeza, sino de corazón a corazón».
- **Santo Tomás de Aquino**: «Teme al hombre de un solo libro».
- **Erasmo de Róterdam**: «La felicidad consiste, principalmente, en conformarse con el destino».
- **Michel de Montaigne**: «El que teme sufrir, sufre de temor».
- **Francis Bacon**: «El conocimiento es poder».

Ilustración y siglo XIX

- **René Descartes**: «Pienso, luego existo».
- **Baruch Spinoza**: «La felicidad no es la recompensa de la virtud, sino la virtud misma».
- **John Locke**: «Todo nuestro conocimiento se basa en la experiencia».
- **Voltaire**: «Juzga a un hombre por sus preguntas, más que por sus respuestas».
- **Jean-Jacques Rousseau**: «El hombre nace libre, pero en todos lados está encadenado».
- **Immanuel Kant**: «Obra solo según aquella máxima por la cual puedas querer que al mismo tiempo se convierta en ley universal».
- **Georg Wilhelm Friedrich Hegel**: «La historia es el progreso de la conciencia de la libertad».
- **Arthur Schopenhauer**: «El hombre ha hecho de la Tierra un infierno para los animales».

- **Karl Marx**: «Los filósofos han interpretado el mundo de distintas maneras, pero lo importante es cambiarlo».
- **Friedrich Nietzsche**: «Lo que no me mata, me hace más fuerte».

Siglo XX

- **Sigmund Freud**: «La felicidad es un problema individual. Aquí no hay receta que valga para todos».
- **Albert Einstein**: «La imaginación es más importante que el conocimiento».
- **Jean-Paul Sartre**: «Estamos condenados a ser libres».
- **Mahatma Gandhi**: «Sé el cambio que quieres ver en el mundo».
- **Jiddu Krishnamurti**: «No es un signo de buena salud el estar bien adaptado a una sociedad profundamente enferma».
- **Ayn Rand**: «La pregunta no es quién me va a dejar, sino quién me va a detener».
- **Viktor Frankl**: «Cuando ya no podemos cambiar una situación, nos enfrentamos al desafío de cambiarnos a nosotros mismos».
- **Alan Watts**: «La única manera de hacer sentido al cambio es sumergirse en él, moverse con él y unirse a la danza».

Siglo XXI y pensadores modernos

- **Deepak Chopra**: «La felicidad es un estado de conciencia que procede de la simplicidad».

- **Elon Musk**: «Cuando algo es lo suficientemente importante, lo haces incluso si las probabilidades están en tu contra».
- **Bill Gates**: «Está bien celebrar el éxito, pero es más importante prestar atención a las lecciones del fracaso».
- **Steve Jobs**: «Tu tiempo es limitado, así que no lo desperdicies viviendo la vida de alguien más».
- **Naval Ravikant**: «La felicidad es una elección y una habilidad que puedes entrenar».

Análisis y reflexión sobre los pensamientos filosóficos a través del tiempo

A lo largo de la historia, grandes mentes han dejado enseñanzas que nos ayudan a comprender la vida, la felicidad, el éxito, la resiliencia y el propósito. Aunque provienen de distintas épocas y culturas, hay ideas recurrentes que siguen siendo relevantes en la actualidad. Este análisis busca no solo explicar esas ideas, sino también llevarlas a la práctica para que puedan aplicarse en la vida cotidiana.

1. La naturaleza del ser y la existencia

Desde la antigua Grecia hasta la actualidad, la pregunta sobre quiénes somos y cuál es nuestro propósito ha sido central en la filosofía.

- **Sócrates** («Conócete a ti mismo») nos invita a la introspección como base para la sabiduría. Sin autoconocimiento, tomamos decisiones basadas en deseos pasajeros y expectativas externas.
- **Platón y Aristóteles** hablaban de la búsqueda del bien y la virtud como camino hacia la realización personal.

- **Nietzsche** («Conviértete en quién eres») complementa esta idea con la necesidad de romper con las limitaciones impuestas por la sociedad.
- Los pensadores orientales como **Deepak Chopra** y la filosofía india nos enseñan que la existencia es un equilibrio entre el cuerpo, la mente y el espíritu.

Aplicación práctica

El autoconocimiento nos ayuda a tomar mejores decisiones. Para ello, podemos practicar la introspección a través de la meditación, la escritura reflexiva o la terapia. Identificar nuestras fortalezas y valores nos permite actuar con autenticidad.

2. El tiempo y la paciencia

Muchos pensadores coinciden en que el tiempo es un factor esencial en el crecimiento personal.

- **Confucio** («No importa lo lento que vayas, siempre y cuando no te detengas») nos recuerda que el progreso es acumulativo.
- **Steve Jobs** («Las cosas importantes llevan tiempo») aplicó este principio en la creación de Apple, enfocándose en la excelencia en lugar de la rapidez.
- El estoicismo (**Marco Aurelio, Epícteto y Séneca**) enfatiza que no podemos controlar el tiempo, pero sí nuestra actitud frente a él.

Aplicación práctica

Vivimos en una era de inmediatez, donde queremos resultados rápidos. Sin embargo, aprender a esperar y confiar en los procesos nos hace más resilientes. Enfocarnos en la constancia en lugar de la rapidez nos llevará más lejos.

3. La resiliencia y el manejo del sufrimiento

El sufrimiento es parte inevitable de la vida, pero la forma en que lo enfrentamos define nuestro carácter.

- **Buda** («El dolor es inevitable, pero el sufrimiento es opcional») nos enseña que la forma en que interpretamos el dolor determina cuánto nos afecta.
- **Viktor Frankl** («Quien tiene un porqué para vivir, puede soportar casi cualquier cómo») destaca la importancia del propósito en tiempos difíciles.
- **Nelson Mandela** («No soy el resultado de mis circunstancias, sino de mis decisiones») nos recuerda que siempre podemos elegir nuestra respuesta ante la adversidad.

Aplicación práctica

Cuando enfrentemos momentos difíciles, en lugar de resistirnos al sufrimiento, podemos preguntarnos: ¿Qué aprendizaje hay en esto? Buscar significado en los desafíos nos ayuda a superarlos con mayor fortaleza.

4. La felicidad y la gratitud

Desde la Antigua Grecia hasta la actualidad, la felicidad ha sido un tema central de la reflexión filosófica.

- **Aristóteles** («La felicidad depende de nosotros mismos») ya planteaba que la felicidad no se encuentra en factores externos.

- **Dalái Lama** («El propósito de nuestra vida es ser felices») refuerza la idea de que la felicidad es una construcción personal.
- **Oprah Winfrey** y **Tony Robbins** insisten en el poder de la gratitud para transformar nuestra percepción de la vida.

Aplicación práctica

En lugar de esperar a que algo externo nos haga felices, podemos trabajar en desarrollar hábitos de gratitud y bienestar. Llevar un diario de gratitud o enfocarnos en lo que tenemos en lugar de lo que nos falta puede mejorar significativamente nuestro estado emocional.

5. El éxito y la mentalidad de crecimiento

El éxito no es solo una cuestión de talento, sino de mentalidad y esfuerzo.

- **Thomas Edison** («No he fallado, solo he encontrado 10 000 maneras que no funcionan») nos enseña que el fracaso es parte del camino.
- **Bill Gates** («El éxito es un mal maestro, seduce a la gente a pensar que no puede perder») advierte sobre la trampa de la complacencia.
- **Carol Dweck** y su teoría de la mentalidad de crecimiento refuerzan la idea de que el aprendizaje constante es clave para el éxito.

Aplicación práctica

Si vemos cada desafío como una oportunidad para aprender, nos volveremos más resistentes al fracaso y más abiertos a la mejora. Adoptar una mentalidad de crecimiento significa buscar aprendizaje en todo lo que hacemos.

6. La simplicidad y el minimalismo

Durante toda la historia de la humanidad, se ha enfatizado la importancia de vivir con sencillez.

- **Lao-Tse** («La sencillez es la clave de la verdadera sabiduría») ya hablaba del minimalismo filosófico.
- **Leonardo da Vinci** («La simplicidad es la máxima sofisticación») aplicó este principio en su arte y diseño.
- Los pensadores modernos como **Marie Kondo** abogan por simplificar la vida eliminando lo innecesario.

Aplicación práctica

Podemos aplicar este principio eliminando lo que no nos aporta valor: cosas materiales, relaciones tóxicas o hábitos poco saludables. Priorizar lo esencial nos da más claridad mental y bienestar.

Conclusión: Conectando sabiduría y vida cotidiana

A pesar de los siglos y las diferencias culturales, hay ideas que se repiten porque son universales. Todos los grandes pensadores han hablado sobre:

1. Autoconocimiento y autenticidad
2. Paciencia y resiliencia
3. Apreciación del presente y gratitud
4. Mentalidad de crecimiento y esfuerzo
5. Simplicidad y bienestar

En un mundo de distracciones y prisas, estas enseñanzas siguen vigentes. No basta con leerlas, sino que debemos aplicarlas en nuestra vida diaria:

- Reflexionando sobre quiénes somos y qué queremos.
- Aceptando que el progreso requiere tiempo y esfuerzo.
- Practicando la gratitud y buscando la felicidad en lo simple.
- Viendo los fracasos como aprendizajes y no como frenos.
- Eliminando lo innecesario para enfocarnos en lo esencial.

Las palabras de estos grandes pensadores no solo nos inspiran, sino que nos ofrecen un mapa para vivir con mayor claridad, propósito y satisfacción. Ahora, la verdadera pregunta es: **¿Cómo vas a aplicar estas enseñanzas en tu vida?**

Capítulo 10:
Otros temitas importantes

Haciendo una pausa: el arte de detenerse y reflexionar

Vivimos en un mundo donde el tiempo parece correr más rápido cada día. Nos levantamos con una lista de tareas en la mente, corremos de un lugar a otro, llenamos cada momento con actividad y, cuando el día termina, apenas recordamos cómo lo hemos vivido. La tecnología nos mantiene conectados, pero ¿estamos realmente conectados con nosotros mismos?

Esta rutina nos lleva a vivir en piloto automático, sin cuestionarnos si lo que hacemos tiene sentido o si estamos disfrutando realmente de la vida. Pero ¿qué pasaría si nos detuviéramos un momento? ¿Si nos permitiéramos simplemente respirar, observar y sentir?

¿Cuándo fue la última vez que hiciste una pausa consciente en tu día?

1. La trampa del piloto automático

Cuando éramos niños, cada día era una aventura. Nos sorprendíamos con lo más simple: la forma de las nubes, el sonido del viento, el sabor de una fruta. No obstante, al crecer, nuestra mente se acostumbra a lo rutinario y dejamos de maravillarnos. Aprendemos a hacer muchas cosas sin pensar: conducir, trabajar, cocinar, hablar con las personas… y, sin darnos cuenta, gran parte de nuestra vida transcurre en modo automático.

¿Cuántas veces has sentido que una semana, un mes o incluso un año pasó volando sin que lo notaras?

El filósofo **Jiddu Krishnamurti** decía: «No es signo de buena salud estar bien adaptado a una sociedad profundamente enferma». Nuestra sociedad nos empuja a la productividad constante, al consumo sin reflexión y a la distracción permanente. Pero si seguimos ese ritmo sin cuestionarlo, podemos llegar al final de nuestra vida sin haberla realmente vivido.

Ejercicio de reflexión

- Haz una lista de las cosas que haces cada día sin pensar: ¿cuántas de ellas te generan alegría?
- ¿Cuántas de ellas podrías cambiar o realizar de manera más consciente?

¿Cómo puedes recuperar la capacidad de asombro y apreciación en lo cotidiano?

2. La respiración como herramienta de presencia

Las tradiciones orientales han enseñado durante siglos que la respiración es una de las herramientas más poderosas para salir del modo automático y regresar al presente. Una frase asociada al **budismo** dicta: «Cuando respires, solo respira». Puede parecer un consejo simple, pero en la práctica pocas veces estamos realmente conscientes de nuestra respiración.

Ejercicio práctico: Respirar con intención

1. Cierra los ojos y respira profundamente.
2. Siente el aire entrar y salir por tu nariz.
3. No pienses en nada más. Solo respira.
4. Pregúntate: ¿Cómo me siento en este momento?

Hacer esto durante solo un minuto puede ayudarte a salir del piloto automático y reconectarte con el ahora.

3. Desconectar para reconectar

Vivimos hiperconectados a dispositivos que nos bombardean con información constante. Revisamos el teléfono decenas de veces al día, saltamos de una aplicación a otra, llenamos cada instante de distracción. Pero, ¿cuánto tiempo pasamos conectando con nosotros mismos?

El filósofo alemán **Martin Heidegger** hablaba del concepto de «ser auténtico», que implica reconocer que la vida no es solo productividad y ocupación constante, sino también momentos de silencio y contemplación.

Ejercicio de desconexión

1. Dedica 30 minutos al día sin tecnología.
2. Siéntate en silencio o sal a caminar sin el teléfono.
3. Pregúntate: ¿Cómo me siento al estar solo conmigo mismo?

4. Encontrar sentido en lo cotidiano

Muchas veces buscamos un propósito en la vida sin darnos cuenta de que el sentido no está en el futuro, sino en cada pequeña acción que realizamos. **Albert Camus** decía que la vida no tiene un significado predeterminado, sino que somos nosotros quienes se lo damos con nuestras acciones diarias.

Ejercicio de gratitud

1. Al final del día, escribe tres cosas que te hicieron sentir bien, por más pequeñas que sean.

2. Reflexiona: ¿Cómo puedo hacer más de esto en mi vida?

5. El arte de no hacer nada

En muchas culturas occidentales, la inactividad se ve como algo negativo. Sin embargo, en la filosofía italiana existe el concepto de *dolce far niente*, que significa 'el placer de no hacer nada'. Es una invitación a simplemente estar, sin culpa ni presión.

Ejercicio de contemplación

1. Programa un momento en tu semana para sencillamente estar.
2. No hagas nada «productivo». Tan solo observa, escucha, siente.

Preguntas para reflexionar

- ¿Cuándo fue la última vez que me permití no hacer nada sin sentir culpa?
- ¿Qué pasaría si me concediera el derecho a descansar sin justificación?

6. Conectar con otras personas de manera auténtica

A pesar de la conectividad digital, muchas personas se sienten solas. La agitación del mundo moderno ha reducido la calidad de nuestras interacciones.

¿Cuántas conversaciones profundas tienes al día?

Ejercicio de conexión auténtica

1. Escoge a alguien y ten una conversación sin distracciones.
2. Escucha de verdad, sin interrumpir ni pensar en qué responder.
3. Pregunta: ¿Cómo te sientes realmente?

Reflexión

- ¿Cuántas veces hablamos sin realmente escuchar?
- ¿Cómo puedo mejorar la calidad de mis interacciones?

7. Conclusión: La vida no es una lista de tareas

Nos acostumbramos a ver la vida como una serie de responsabilidades a cumplir, pero si solo estamos ocupados sin detenernos a disfrutar y reflexionar, corremos el riesgo de llegar al final con la sensación de que no hemos vivido realmente.

Nuestra existencia no se trata solo de hacer más cosas, sino de hacerlas con significado. Hacer una pausa, respirar y reflexionar es una de las mejores formas de recuperar el control sobre nuestra propia existencia. **El arte de vivir el presente: estar en el aquí y ahora.**

> *La vida es aquello que te va sucediendo mientras estás ocupado haciendo otros planes.*
> John Lennon

Estamos en una sociedad que nos empuja constantemente a pensar en el futuro. Desde pequeños nos enseñan a prepararnos para lo que vendrá: estudiar para conseguir un buen trabajo, trabajar para tener estabilidad económica, ahorrar para el retiro. Mientras tanto, el presente pasa de largo. Por otro lado, también solemos mirar al pasado con nostalgia o arrepentimiento, sin darnos cuenta de que lo único que realmente poseemos es el ahora.

Pero ¿cómo podemos aprender a vivir plenamente en el presente? ¿Cómo evitar que nuestra mente divague entre los recuerdos y las preocupaciones futuras?

La mente inquieta y la evasión del presente

Nuestra mente tiende a divagar entre lo que fue y lo que será. Nos preocupamos por lo que vendrá o nos arrepentimos de lo que ya pasó. Esta tendencia natural es lo que el budismo llama *monkey mind*, la 'mente mono', que salta de un pensamiento a otro sin descanso.

La falta de presencia en el ahora genera ansiedad y estrés. Nos sentimos constantemente insatisfechos, pensando que el futuro nos traerá lo que nos falta hoy. No obstante, cada momento que vivimos es una oportunidad irrepetible. Aprender a habitarlo con consciencia es clave para una vida más plena y equilibrada.

El anciano y la felicidad

Un anciano sabio fue consultado por un joven que se sentía infeliz.

—¿Cuál es tu mayor preocupación? —preguntó el anciano.

—Me angustia lo que será de mi futuro —respondió el joven.

El anciano le entregó una vasija de agua y le dijo:

—Camina con esto por el pueblo sin derramar ni una gota.

El joven lo hizo, y al regresar, el anciano le preguntó:

—¿Cómo te sentiste?

—Solo me concentré en la vasija, nada más existió en ese momento —contestó el joven.

—Así es la vida —dijo el anciano—. Si te concentras en el presente, dejas de angustiarte por el futuro.

Reflexión: La felicidad no está en el futuro ni en el pasado, sino en la atención plena del ahora.

Ejercicios para conectar con el presente

- **Respiración consciente:** Haz pausas en el día para respirar profundamente y sentir tu entorno.
- **Escaneo corporal:** Cierra los ojos y siente cada parte de tu cuerpo.

Mindfulness **en la vida cotidiana:** Presta atención a las pequeñas cosas, como el sabor de la comida o la textura del agua al bañarte.

Conclusión

Vivir en el presente no significa ignorar el futuro o el pasado, sino aprender a darles su lugar sin que dominen nuestra existencia. Como decía Thích Nhất Hạnh:

El milagro no es caminar sobre el agua, sino caminar sobre la tierra con plena consciencia.

El poder del silencio y la introspección

El silencio es una fuente de gran fortaleza.
LAO-TSE

Vivimos en un mundo ruidoso. Nos rodean conversaciones incesantes, notificaciones constantes y un flujo interminable de información. Sin embargo, en medio de este ruido, pocas veces nos detenemos a escuchar la voz más importante: la nuestra.

Si en calma quieres estar, el silencio debes escuchar.

El silencio no es solo la ausencia de sonido; es un espacio de conexión con nosotros mismos, una oportunidad para reflexionar y encontrar claridad en medio del caos. Practicar la introspección y el silencio nos permite comprender mejor nuestras emociones, tomar mejores decisiones y vivir con mayor equilibrio.

El ruido externo y el ruido interno

Existen dos tipos de ruido que nos afectan:

1. **El ruido externo:** proviene del entorno —la televisión, el tráfico, las redes sociales, las conversaciones sin sentido—. Nos mantiene distraídos y nos impide escuchar lo que realmente sentimos y pensamos.
2. **El ruido interno:** es la constante charla mental de preocupaciones, juicios y pensamientos repetitivos. Nos llena de ansiedad y nos aleja del momento presente.

El silencio es la llave que nos permite apagar ambos ruidos y encontrar paz en nuestro interior.

El **estoicismo** nos enseña: Tenemos dos oídos y una boca, para poder escuchar más y hablar menos.

La cueva del sabio

Un hombre viajó a las montañas en busca de un sabio que le diera respuestas sobre el sentido de la vida.

Después de días de camino, encontró la cueva del sabio y le preguntó:

—Maestro, ¿cuál es el secreto de la paz interior?

El sabio sonrió y señaló el valle silencioso ante ellos.

—Escucha —dijo.

El hombre esperó, pero no escuchó nada.

—¿Qué debo escuchar? —preguntó impaciente.

—Ahí está tu respuesta —dijo el sabio—. Solo en el silencio puedes escuchar lo esencial.

Reflexión: A veces, las respuestas que buscamos no están en el ruido, sino en la quietud.

Cómo cultivar el silencio y la introspección

1. **Haz pausas conscientes:** Dedica unos minutos al día a estar en silencio, sin distracciones.
2. **Apaga el ruido digital:** Desconéctate de redes sociales y notificaciones para escuchar tu propia voz.
3. **Practica la meditación o la contemplación:** No necesitas seguir una técnica compleja, basta con sentarte en silencio y escuchar tus pensamientos sin juzgarlos.

Conclusión

El silencio no es vacío, es plenitud. Es en la introspección donde encontramos respuestas, dirección y paz.

> *Solo cuando la mente está en calma,*
> *podemos ver con claridad.*
> Enseñanza budista

El perdón y el rencor: Liberarse del peso del pasado

Según la sabiduría budista, aferrarse al rencor es como beber veneno y esperar que la otra persona muera.

El perdón es un acto de liberación, mientras que el rencor es una cadena que nos ata al sufrimiento. A lo largo de la historia, diversas filosofías y tradiciones espirituales han enseñado la importancia de soltar el resentimiento, no solo por el bien del otro, sino por nuestra propia paz interior.

¿Qué es el perdón y por qué nos cuesta tanto?

Perdonar no significa justificar el daño que nos hicieron ni olvidar lo sucedido. Significa liberarnos de la carga emocional que el resentimiento deja en nosotros. Aun así, muchas veces nos aferramos al rencor porque sentimos que, al soltarlo, estamos minimizando el daño que sufrimos.

Pero la realidad es que el rencor nos perjudica más a nosotros que a la persona que nos hirió. Mientras cargamos con el resentimiento, seguimos atados al pasado, reviviendo una y otra vez el dolor.

La historia del clavo y la madera

Un padre, viendo que su hijo tenía problemas para controlar su ira y que guardaba rencor fácilmente, le dio un saco de clavos y le dijo:

—Cada vez que sientas enojo y resentimiento, clava uno en la cerca del jardín.

El niño lo hizo, y con el tiempo, fue clavando cada vez menos. Finalmente, logró controlar su enojo y dejó de hacerlo.

—Ahora —dijo el padre—, cada vez que perdones de verdad, saca un clavo.

El niño así lo hizo, hasta que la cerca quedó sin clavos.

—Observa la cerca —señaló el padre—. Aunque los clavos ya no están, las marcas permanecen. Así ocurre con el rencor: aunque lo saquemos, el daño puede perdurar. Es mejor evitar usar los clavos desde el principio.

Reflexión: Perdonar no borra lo ocurrido, pero nos libera del dolor.

Cómo practicar el perdón

1. **Aceptar el dolor:** El primer paso para perdonar es reconocer el daño sin negarlo ni minimizarlo.
2. **Comprender que todos somos humanos:** Quien nos hirió también tiene heridas y errores.
3. **Dejar de revivir la herida:** Cada vez que recordamos el dolor con rencor, lo hacemos presente de nuevo.
4. **Liberarnos a nosotros mismos:** El perdón es un regalo que nos damos.

Conclusión

Perdonar no es un favor que hacemos al otro, sino un acto de amor propio. Liberarnos del rencor nos permite vivir en paz y avanzar sin cargas innecesarias.

Perdonar es liberar a un prisionero y descubrir que el prisionero eras tú.
Lewis B. Smedes

La envidia: El veneno del alma

«La envidia es el homenaje que la mediocridad rinde al talento». La envidia es una emoción tan antigua como la humanidad. Nos acompaña desde los primeros relatos mitológicos hasta las interacciones cotidianas en la vida moderna. Sentir envidia es natural, pero si no la controlamos, puede convertirse en un veneno que corroe nuestra paz mental, nos llena de resentimiento y nos impide disfrutar nuestra propia vida.

¿Quién no ha sentido envidia alguna vez?

Puede ser al ver a un compañero ascender en el trabajo, a un amigo comprar una casa, o a alguien que, aparentemente sin esfuerzo, consigue lo que nosotros anhelamos. La envidia nos hace sentir que estamos en desventaja, que el mundo es injusto y que nos falta algo para ser felices. Pero ¿realmente es así?

Este capítulo explora la naturaleza de la envidia, sus efectos destructivos y, lo más importante, cómo podemos transformarla en algo positivo para nuestro crecimiento personal.

¿Por qué sentimos envidia?

La envidia nace de la comparación. Si no comparáramos nuestra vida con la de los demás, no habría motivo para sentirla. No obstante, vivimos en una sociedad obsesionada con medir el éxito, la riqueza, la belleza y la felicidad.

Factores que alimentan la envidia

1. **Las redes sociales:** Hoy en día, estamos expuestos constantemente a imágenes de éxito y felicidad ajena. Sin ver el esfuerzo detrás de cada logro, nos convencemos de que los demás tienen vidas mejores que la nuestra.

2. **La competencia desmedida:** Desde pequeños nos enseñan a competir, a destacar y a compararnos con otros. Esto puede generar una mentalidad en la que solo sentimos satisfacción si estamos «por encima» de los demás.

3. **La falta de gratitud:** Cuando no valoramos lo que tenemos, es más fácil caer en la trampa de desear lo ajeno.

4. **El miedo a la escasez:** Creemos, erróneamente, que el éxito y la felicidad son recursos limitados y que, si alguien más tiene algo bueno, nosotros nos quedamos sin nada.

Relatos sobre la envidia y sus efectos destructivos

1. La fábula del águila y el arquero

Un águila majestuosa surcaba los cielos con orgullo, admirada por todos los animales del bosque. Sin embargo, un cazador envidioso la observaba desde abajo, resentido por la libertad y la belleza del ave.

Decidió cazarla, pero sus flechas no llegaban lo suficientemente alto, y dejándose llevar por su envidia y enojo, cada vez lanzaba la flecha más fuerte y más alto para poder alcanzarla. Pero entonces, un rayo de sol destelló directo en sus ojos y lo hizo apuntar mal. Unos segundos después, el arquero fue alcanzado por su propia flecha.

Antes de morir, el arquero miró la flecha que lo había herido y descubrió que el único afectado había sido él, mientras el águila continuaba volando majestuosa y libre.

Reflexión: La envidia, al final, nos hace daño a nosotros mismos. Cuando actuamos movidos por este sentimiento, terminamos perjudicándonos más de lo que perjudicamos a los demás.

2. El comerciante y el genio

Un comerciante envidioso tuvo un encuentro con un genio, quien le ofreció concederle cualquier deseo. Pero había una condición: su mayor rival recibiría el doble de lo que él pidiera.

El comerciante pensó en riquezas, pero la idea de que su competidor obtuviera el doble le molestaba. Así que, lleno de rencor, pidió que le quitaran un ojo.

Reflexión: La envidia nos ciega. En lugar de enfocarnos en nuestro crecimiento, preferimos ver caer a los demás, aunque eso signifique nuestro propio sufrimiento.

3. La olla dorada

Un aldeano encontró una olla llena de oro en el bosque. Saltó de alegría al descubrir su fortuna, pero, a los pocos minutos vio que otro aldeano había encontrado una olla llena de oro más grande que la de él, por lo que se sintió decepcionado.

En lugar de estar feliz con su hallazgo, comenzó a enojarse. «¿Por qué la olla de él es más grande que la mía?», se preguntó. Día tras día, su frustración crecía. No podía disfrutar lo que tenía porque solo pensaba en lo que le faltaba.

Reflexión: La envidia nos roba la capacidad de disfrutar lo que poseemos. En lugar de apreciar nuestras bendiciones, nos enfocamos en lo que nos falta y en lo que tienen los demás.

4. El cangrejo y la cubeta

Un turista observaba cómo un pescador tenía una cubeta llena de cangrejos sin tapa. Intrigado, le preguntó:

—¿No tienes miedo de que se escapen?

El pescador sonrió y respondió:

—No es necesario. Cada vez que un cangrejo intenta salir, los demás lo jalan hacia abajo.

Reflexión: La envidia nos convierte en estos cangrejos. En lugar de inspirarnos en el éxito ajeno, intentamos derribar a quienes avanzan.

Cómo transformar la envidia en crecimiento personal

Sentir envidia no nos hace malas personas. Es una emoción natural, pero podemos aprender a gestionarla para convertirla en una herramienta de crecimiento.

1. **Identificar la envidia sin juzgarnos:** En lugar de negar o reprimir el sentimiento, podemos analizar qué nos está diciendo sobre nuestros deseos y carencias.
2. **Practicar la gratitud:** Enfocarnos en lo que tenemos, en lugar de lo que nos falta, nos ayuda a sentirnos más plenos.
3. **Usar la envidia como inspiración:** Si alguien ha logrado algo que deseamos, en lugar de resentirnos, podemos estudiar su camino y aprender de él.

4. **Dejar de compararnos:** Cada persona tiene su propio ritmo y circunstancias. Nuestra única competencia real es con la versión de nosotros mismos de ayer.

5. **Celebrar el éxito ajeno:** La verdadera abundancia viene cuando entendemos que el triunfo de otros no nos quita nada.

Ejercicio de reflexión: ¿Cómo enfrentas la envidia?

- ¿Cuándo fue la última vez que sentiste envidia? ¿Qué desencadenó ese sentimiento?
- ¿Cómo reaccionaste? ¿Te ayudó en algo sentirte así?
- ¿Podrías convertir ese sentimiento en una meta de crecimiento personal?
- ¿Agradeces lo que tienes o te enfocas más en lo que te falta?
- ¿Eres capaz de alegrarte genuinamente por el éxito de los demás?

Conclusión

La envidia es el arte de contar las bendiciones de los demás en lugar de las propias.
HAROLD COFFIN

La envidia es un sentimiento poderoso, pero tenemos el control sobre cómo lo manejamos. Podemos dejar que nos consuma y nos llene de resentimiento, o podemos usarlo como una brújula para identificar nuestras verdaderas aspiraciones.

Cuando aprendemos a enfocarnos en nuestro propio crecimiento, dejamos de ver la vida como una competencia y empezamos a disfrutar el camino. En lugar de mirar con resentimiento el éxito de los demás, podemos aprender de ellos y encontrar nuestra propia versión del éxito.

Liberarse de la envidia es liberarse del sufrimiento innecesario.

Descubrir un hobby o talento: El camino a la plenitud y la felicidad

En la vorágine de la vida moderna, donde el tiempo parece escurrirse entre responsabilidades, pantallas y preocupaciones, nos olvidamos de algo fundamental: hacer cosas por el puro placer de hacerlas. Tener un *hobby* o desarrollar un talento no es un simple pasatiempo; es una necesidad del alma. Es un espacio en el que dejamos de lado las presiones externas y nos sumergimos en una actividad que nos llena de satisfacción, creatividad y gozo genuino.

La importancia de un hobby en la vida

Los *hobbies* no son meros entretenimientos. Son pequeñas cápsulas de tiempo en las que nos reencontramos con nuestra esencia. Nos ofrecen momentos de libertad en los que el «deber» deja paso al «querer». Practicar una actividad con amor y constancia despierta nuestra creatividad, mejora nuestra autoestima y nos conecta con el presente, dándonos instantes de plenitud que, en el fondo, son instantes de felicidad.

Piensa en los niños cuando juegan. No buscan un resultado, no les importa si alguien los está evaluando; simplemente disfrutan. A medida que crecemos, vamos perdiendo esa capacidad de hacer algo sin esperar una recompensa. Nos centramos en lo útil, en lo productivo, en lo que genera ingresos. Y así, sin darnos cuenta, nos vamos vaciando por dentro.

Un *hobby* es una forma de volver a conectar con la vida en su versión más pura. Puede ser algo artístico, deportivo, intelectual o manual. Lo importante es que te haga sentir bien, que te permita fluir y te aleje, aunque sea por un rato, del ruido del mundo.

Los beneficios de tener un hobby o desarrollar un talento

1. **Alimenta el alma**

    Cuando realizamos una actividad que disfrutamos, experimentamos una sensación de bienestar profundo. No importa si pintamos, escribimos, tocamos un instrumento, bailamos o hacemos jardinería; nuestro espíritu se nutre con cada momento dedicado a lo que amamos.

2. **Nos saca del piloto automático**

    Muchas veces vivimos de manera mecánica, repitiendo rutinas sin detenernos a pensar. Un *hobby* nos obliga a frenar, a dedicarle tiempo a algo que nos gusta sin presiones. Nos devuelve al aquí y ahora.

3. **Reduce el estrés y la ansiedad**

    Al enfocarnos en una actividad placentera, nuestra mente se relaja y deja de lado las preocupaciones. Es una forma de meditación activa, en la que los pensamientos negativos se disipan mientras nos concentramos en el proceso.

4. **Fortalece la autoestima**

    Aprender algo nuevo o mejorar en una habilidad nos da satisfacción y confianza en nosotros mismos. Nos demuestra que somos capaces de evolucionar, crecer y disfrutar en el proceso.

5. **Nos conecta con otros**

    Muchas aficiones nos acercan a personas con intereses similares, creando comunidades y amistades basadas en la pasión compartida. Nunca es tarde para hacer nuevos amigos, especialmente cuando hay un vínculo genuino de por medio.

Cómo encontrar un hobby o redescubrir un talento

Si aún no has encontrado una actividad que te apasione, hazte estas preguntas:

- ¿Qué cosas me interesaban de niño?
- ¿Qué actividad haría, aunque no me pagaran por ello?
- ¿Qué me relaja o me emociona al mismo tiempo?
- ¿Qué siempre quise aprender, pero nunca me di el tiempo?

No importa si crees que no tienes talento en algo. Lo esencial es intentarlo y disfrutar el proceso. Muchas personas descubren su amor por la escritura, la música, el baile o la cocina en la adultez, cuando deciden darse una oportunidad para explorar sin miedo al juicio.

Reflexión final

Practicar un *hobby* o desarrollar un talento es una inversión en nosotros mismos. Es regalarnos momentos de conexión con lo que realmente somos. No esperes a tener «tiempo libre»; haz tiempo para lo que te hace feliz.

La vida no se trata solo de cumplir metas y responsabilidades, sino también de disfrutar el camino. Encuentra aquello que haga vibrar tu corazón, porque esos pequeños instantes de plenitud son los que, al final, llenan de sentido nuestra existencia.

Conclusiones finales

La vida no es esperar a que pase la tormenta, sino aprender a bailar bajo la lluvia.
VIVIAN GREENE

Imagina que has estado sosteniendo una piedra pesada en la mano durante mucho tiempo. Al principio, apenas notas su peso, pero con los minutos, las horas y los días, comienza a doler. Sin embargo, en lugar de soltarla, te aferras más, acostumbrándote al sufrimiento como si fuera parte de ti. Así vivimos muchos de nosotros: cargando preocupaciones, rencores, miedos, envidias, expectativas ajenas y frustraciones que nos impiden avanzar.

Este libro no pretende ser una fórmula mágica ni una lista de reglas infalibles. Es un recordatorio de que la vida no tiene por qué ser un drama interminable. Podemos elegir soltar la piedra, liberarnos del peso innecesario y caminar más ligeros hacia una existencia plena.

Hemos recorrido un camino de reflexiones, historias y enseñanzas que nos invitan a mirar el mundo con otros ojos. Pero todo lo que has leído aquí no servirá de nada si no te levantas del sofá de la indiferencia y tomas acción.

1. **La vida es un regalo, no un problema por resolver**

   Desde el momento en que abrimos los ojos cada mañana, tenemos una nueva oportunidad de ser, de sentir, de experimentar. Pero demasiadas veces pasamos nuestros días atrapados en preocupaciones superficiales, en lo que nos falta, en lo que nos hicieron, en lo que podría salir mal.

   Detente un instante. Respira. Estás vivo.

   En lugar de ver la vida como un campo de batalla donde todo es una lucha, empieza a verla como un lienzo en blanco donde puedes pintar la historia que quieras.

   ¿Cómo sería tu vida si dejaras de quejarte y empezaras a agradecer más?

2. **La solución no está afuera, está adentro**

   Nos han enseñado a buscar la felicidad en el lugar equivocado. Pensamos que vendrá cuando tengamos más dinero, cuando encontremos la pareja perfecta, cuando logremos reconocimiento o éxito. Pero la felicidad no es una meta al final del camino, es el camino en sí mismo.

   Si no eres feliz ahora, con lo que tienes y con lo que eres, tampoco lo serás cuando alcances tus objetivos. Porque la felicidad no está en lo que posees, sino en cómo decides vivir cada momento.

   ¿Qué pasaría si empezaras a vivir desde la gratitud en lugar de la carencia?

3. **Conviértete en la mejor versión de ti mismo**

   No hay un manual universal para la vida, pero sí hay algo claro: el único propósito real que podemos tener es crecer y evolucionar. No para ser mejores que los demás, sino para ser mejores que la persona que fuimos ayer.

Todos podemos decidir ser víctimas de las circunstancias o protagonistas de nuestra historia. No importa lo que hayas vivido hasta ahora, lo que importa es qué decides hacer con eso.

¿En qué área de tu vida puedes empezar a crecer hoy mismo?

4. **La plenitud está en dar, no en recibir**

Vivimos en una sociedad que nos ha hecho creer que solo importamos por lo que tenemos, por lo que logramos, por lo que conseguimos. Pero lo único que realmente deja una huella en este mundo es lo que damos a los demás.

Cuando ayudamos sin esperar nada a cambio, cuando damos desde el corazón, cuando entendemos que todos estamos conectados, la vida cobra un significado profundo.

¿Cómo podrías aportar más amor y generosidad al mundo?

5. **Vive con intención, vive con amor, vive con paz**

No sabemos cuánto tiempo estaremos aquí. No sabemos cuántas oportunidades más tendremos para abrazar a quienes amamos, para reír a carcajadas, para sentir la brisa en la cara o el sol en la piel.

Lo único seguro es este momento.

Aprovecha la vida. Ámala con sus luces y sombras. Suelta el miedo. Deja atrás el drama innecesario. Vive de verdad.

Porque la vida no se trata de sobrevivir, sino de sentir cada instante con gratitud y pasión.

¿Hoy podrías vivir como si fuera el último día?

Un llamado a la acción: Elige despertar

Ahora que has llegado hasta aquí, tienes dos opciones:

1. Cerrar este libro y volver a tu rutina, permitiendo que todo esto quede en una simple lectura interesante.
2. Usar estas reflexiones como un trampolín para transformar tu vida, para tomar decisiones más conscientes, para construir una existencia con más paz y sentido.

¿Qué eliges?

Si realmente quieres vivir sin tanto drama, empieza ahora. No mañana. No la próxima semana. Ahora.

Haz que cada día cuente. Haz que tu existencia valga la pena.

Porque al final, el mayor acto de amor que podemos hacer por nosotros mismos es elegir vivir con plenitud.

Fuentes de información y lecturas recomendadas

A lo largo de este libro, hemos explorado diversas filosofías, relatos y enseñanzas que han sido transmitidas a través del tiempo. Si deseas profundizar en los conceptos abordados, aquí te dejo una selección de fuentes y lecturas recomendadas que pueden ayudarte a expandir tu comprensión sobre la vida, la resiliencia, la felicidad y el crecimiento personal.

Filosofía estoica

- *Meditaciones*, de Marco Aurelio.
- *Cartas a Lucilio*, de Séneca.
- *El arte de la buena vida*, de William B. Irvine.
- *Manual de vida*, de Epícteto.

Filosofía budista y oriental

- *El arte de la felicidad*, de Dalai Lama.
- *Siddhartha*, de Hermann Hesse
- *El libro tibetano de la vida y la muerte*, de Sogyal Rimpoché.
- *Tao Te Ching*, de Lao-Tse.

Psicología y bienestar emocional

- *El poder del ahora*, de Eckhart Tolle.
- *Los cuatro acuerdos*, de Miguel Ruiz.
- *Deja de ser tú*, de Joe Dispenza.
- *La trampa de la felicidad*, de Russ Harris.
- *Fluir (Flow)*, de Mihály Csíkszentmihályi.

Desarrollo personal y minimalismo

- *Menos es más*, de Dominique Loreau.
- *La magia del orden*, de Marie Kondo.
- *El monje que vendió su Ferrari*, de Robin Sharma.
- *Ikigai: Los secretos de Japón para una vida larga y feliz*, de Héctor García y Francesc Miralles.

Relatos y fábulas filosóficas

- *Fábulas completas*, de Esopo.
- *Las mil y una noches*, de Anónimo.
- *El alquimista*, de Paulo Coelho.
- *El principito*, de Antoine de Saint-Exupéry.
- *Juan Salvador Gaviota*, de Richard Bach.

Reflexión, análisis y recomendaciones

La lectura es una de las herramientas más poderosas para la transformación personal. Nos permite conocer experiencias ajenas, aprender de las enseñanzas de otros y aplicar esos conocimientos en nuestra vida diaria. A lo largo de este libro, hemos explorado ideas provenientes de diferentes corrientes filosóficas y espirituales. En esta sección, profundizaremos en las principales enseñanzas extraídas de las obras recomendadas, analizaremos su impacto y exploraremos formas de aplicarlas en la vida cotidiana.

1. **El estoicismo: La serenidad ante la adversidad**

   El estoicismo, representado por autores como Marco Aurelio (*Meditaciones*), Séneca (*Cartas a Lucilio*) y Epícteto (*Manual de vida*), nos ofrece una perspectiva de resiliencia y autodominio. Su enseñanza central es que no podemos controlar lo que sucede a nuestro alrededor, pero sí nuestra respuesta.

   Principales enseñanzas
   - «Si te perturba algo externo, el problema no está en la cosa en sí, sino en tu interpretación de ella», Filosofía estoica.
   - La práctica del desapego emocional: evitar que las circunstancias externas definan nuestra paz interior.
   - La importancia de vivir conforme a la virtud y la razón, enfocándonos en lo que podemos cambiar.

   Aplicación en la vida diaria
   - Ante una situación difícil, pregúntate: ¿Está esto bajo mi control? Si la respuesta es no, suelta la preocupación.
   - Reflexiona antes de reaccionar: cuando algo te altere, tómate un momento para responder con serenidad.
   - Enfrenta los problemas con una mentalidad de aprendizaje y crecimiento, en lugar de angustia y victimismo.

2. **El budismo y la búsqueda de la paz interior**

   El budismo, representado en obras como *El arte de la felicidad* de Dalai Lama y *El libro tibetano de la vida y la muerte* de Sogyal Rimpoché, enfatiza la impermanencia, la compasión y la atención plena como claves para una vida equilibrada.

Principales enseñanzas

- «La felicidad no es algo ya hecho. Viene de nuestras propias acciones», Dalai Lama, El arte de la felicidad.
- Todo es transitorio: el sufrimiento surge cuando nos aferramos a cosas que, por naturaleza, están destinadas a cambiar.
- La compasión y el altruismo nos ayudan a conectar con los demás y a encontrar un propósito más allá de nosotros mismos.

Aplicación en la vida diaria

- Practica la gratitud diaria: en vez de enfocarte en lo que falta, aprecia lo que tienes.
- La meditación y la atención plena pueden ayudarte a calmar la mente y vivir en el presente.
- La compasión no es solo hacia los demás, sino también hacia ti mismo: trátate con la misma amabilidad con la que tratarías a un amigo.

3. **El poder del presente y la conciencia plena**

En El poder del ahora, Eckhart Tolle nos invita a abandonar la preocupación por el pasado y la ansiedad por el futuro, enfocándonos en el momento presente.

Principales enseñanzas

- «La vida es ahora. Nunca ha habido un momento en que tu vida no fuera ahora», Eckhart Tolle, El poder del ahora.
- La mente tiende a generar sufrimiento al apegarse a recuerdos dolorosos o preocupaciones futuras.
- La observación consciente de los pensamientos permite liberarse de la negatividad y el estrés.

Aplicación en la vida diaria

- Cuando te sientas ansioso, concéntrate en tu respiración y en lo que estás haciendo en ese momento.
- Reduce la necesidad de controlar todo: fluye con los eventos en lugar de resistirlos.
- Cultiva el hábito de detenerte y apreciar los pequeños momentos del día a día.

4. **La sabiduría de los relatos y fábulas**

Los relatos filosóficos han sido una fuente de enseñanza en diversas culturas. Obras como *Fábulas completas* de Esopo, *Las mil y una noches*, *El alquimista* de Paulo Coelho y *Juan Salvador Gaviota* de Richard Bach transmiten profundas lecciones a través de historias simbólicas.

Principales enseñanzas

- El aprendizaje no siempre es inmediato: muchas veces necesitamos vivir ciertas experiencias para entenderlas.
- La perseverancia y la fe en uno mismo pueden llevarnos más lejos de lo que imaginamos.
- Cada persona tiene un camino único que debe recorrer sin compararse con los demás.

Aplicación en la vida diaria

- Usa la narración de historias como herramienta de aprendizaje: cada desafío puede convertirse en una lección de vida.
- Confía en tu propio proceso y evita la impaciencia por resultados inmediatos.
- Recuerda que cada persona ve la realidad desde su propia perspectiva; la empatía es clave para la comprensión.

5. Minimalismo y desapego material

Libros como *Menos es más* de Dominique Loreau, *La magia del orden* de Marie Kondo y *El monje que vendió su Ferrari* de Robin Sharma proponen un enfoque minimalista para encontrar la felicidad en lo esencial.

Principales enseñanzas

- «Poseer menos es poseer más», Dominique Loreau, Menos es más.
- El desorden externo es reflejo del desorden interno: simplificar tu entorno ayuda a simplificar tu mente.
- La verdadera riqueza no está en las cosas materiales, sino en la calidad de nuestras experiencias y relaciones.

Aplicación en la vida diaria

- Revisa tus pertenencias y pregúntate: ¿Esto aporta valor a mi vida? Si no, déjalo ir.
- Prioriza experiencias sobre posesiones: en lugar de gastar en objetos, invierte en viajes, aprendizaje y tiempo con seres queridos.
- Practica el desapego emocional: no dependas de bienes materiales para definir tu identidad o felicidad.

Reflexión final

Cada una de estas lecturas ofrece una perspectiva valiosa sobre la vida. Sin embargo, el verdadero cambio ocurre cuando llevamos estas enseñanzas a la práctica. No basta con leer y comprender; es necesario aplicar estos principios en nuestro día a día.

El propósito de este libro ha sido proporcionar herramientas para vivir con mayor equilibrio, serenidad y plenitud. No hay fórmulas mágicas, pero sí caminos probados por generaciones de pensadores y sabios. Cada quien debe encontrar su propio modo de integrar estas enseñanzas en su vida.

Te invito a seguir explorando, a cuestionarte, a aprender y, sobre todo, a aplicar lo aprendido. La verdadera sabiduría no está en acumular conocimiento, sino en vivirlo.

El aprendizaje no termina aquí. La sabiduría se cultiva con la experiencia, la lectura y la introspección. Cada libro, cada historia y cada enseñanza son herramientas para construir una vida con mayor entendimiento y menos sufrimiento.

Si alguna de estas lecturas resuena contigo, te invito a explorarlas con una mente abierta y curiosa. El conocimiento solo cobra sentido cuando lo aplicamos a nuestra vida diaria.

Despedida y agradecimiento

Es difícil llegar al final de un libro sin sentir que, de alguna manera, hemos compartido un viaje. Si estás leyendo estas palabras, significa que recorriste cada página, cada historia, cada reflexión con la intención de aprender, cuestionar o simplemente ver la vida desde otra perspectiva. Gracias por permitirme acompañarte en este camino.

Escribir este libro ha sido, para mí, una experiencia profundamente transformadora. No se trata solo de plasmar ideas en papel, sino de compartir aprendizajes que me han ayudado a ver la vida con más claridad, con menos drama y con una mayor comprensión de que, al final, todo pasa, y lo único que realmente importa es cómo elegimos vivir cada día.

Quiero agradecer, en primer lugar, a la vida misma, por enseñarme con cada experiencia —las buenas y las malas— que siempre hay una oportunidad para crecer, para soltar, para aprender. A todos mis seres queridos, que con su amor, paciencia y sabiduría han sido mi inspiración constante. A los maestros, filósofos, escritores y pensadores cuyas ideas han nutrido estas páginas, porque sin ellos este libro no existiría. Y, por supuesto, a ti, querido lector, por haberme brindado tu tiempo y tu atención, lo más valioso que tenemos.

Espero que este libro te haya dejado algo útil. Que, en algún momento de tu vida, cuando te enfrentes a la incertidumbre, al miedo o al peso de las expectativas, recuerdes alguna de estas reflexiones y encuentres en ellas un respiro, una chispa de claridad, una razón para seguir adelante con menos carga y más confianza.

Si hay algo que me gustaría que te llevaras de todo esto, es la certeza de que la vida no tiene que ser una lucha constante. Que podemos aprender a fluir, a soltar lo que no nos pertenece, a reírnos un poco más de nosotros mismos y a disfrutar el presente con ligereza y gratitud.

Y así, con estas últimas palabras, cierro este libro, pero no el diálogo. Porque la reflexión sobre la vida no termina aquí; al contrario, empieza en el momento en que decides aplicarla en tu día a día.

Gracias. Que la vida te sorprenda con más momentos de paz, de amor y de plenitud.

¡¡¡Todo fluye, dale chance!!!

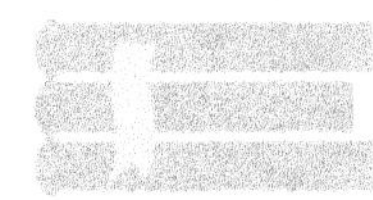
EDIQUID